品成

阅读经典 品味成长

商业模式新生代（个人篇）

一张画布重塑你的职业生涯

第二版

Business Model YOU

THE ONE-PAGE
WAY TO REINVENT
YOUR WORK AT
ANY LIFE STAGE

[美] 蒂莫西·克拉克（Tim Clark）
[美] 布鲁斯·黑曾（Bruce Hazen）
[瑞士] 亚历山大·奥斯特瓦德（Alexander Osterwalder） 著
[比利时] 伊夫·皮尼厄（Yves Pigneur）
[加拿大] 艾伦·史密斯（Alan Smith）

贺芳芳　杜军 译

WILEY

人民邮电出版社
北京

图书在版编目（CIP）数据

商业模式新生代 ： 第二版. 个人篇 ： 一张画布重塑你的职业生涯 / （美）蒂莫西·克拉克（Tim Clark），（美）布鲁斯·黑曾（Bruce Hazen）著 ；（瑞士）亚历山大·奥斯特瓦德（Alexander Osterwalder），（比）伊夫·皮尼厄（Yves Pigneur），（加）艾伦·史密斯（Alan Smith）著 ；贺芳芳，杜军译. -- 北京 ：人民邮电出版社，2023.4
　ISBN 978-7-115-61318-9

　Ⅰ. ①商… Ⅱ. ①蒂… ②布… ③亚… ④伊… ⑤艾… ⑥贺… ⑦杜… Ⅲ. ①商业模式 Ⅳ. ①F71

中国国家版本馆CIP数据核字(2023)第051848号

版 权 声 明

◆　著　　　［美］蒂莫西·克拉克（Tim Clark）
　　　　　　［美］布鲁斯·黑曾（Bruce Hazen）
　　　　　　［瑞士］亚历山大·奥斯特瓦德（Alexander Osterwalder）
　　　　　　［比利时］伊夫·皮尼厄（Yves Pigneur）
　　　　　　［加拿大］艾伦·史密斯（Alan Smith）
　　译　　　贺芳芳　杜 军
　　责任编辑　袁 璐
　　责任印制　陈 犇
◆　人民邮电出版社出版发行　　北京市丰台区成寿寺路 11 号
　　邮编 100164　电子邮件 315@ptpress.com.cn
　　网址 https://www.ptpress.com.cn
　　北京瑞禾彩色印刷有限公司印刷
◆　开本：787×1092　1/16
　　印张：16.75　　　　　　　　2023 年 4 月第 1 版
　　字数：268 千字　　　　　　2025 年 8 月北京第 7 次印刷
　　著作权合同登记号　图字：01-2022-6007 号

定价：118.00 元
读者服务热线： （010）81055671　印装质量热线： （010）81055316
反盗版热线： （010）81055315

商业模式新生代（个人篇）第二版

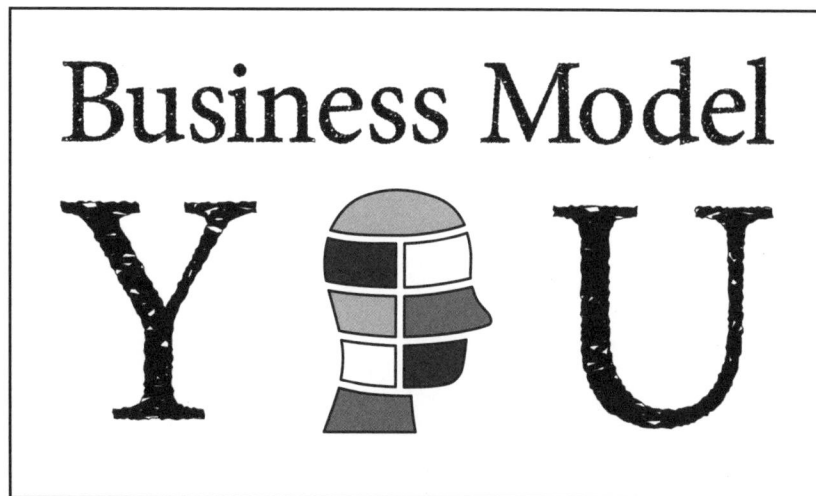

Business Model YOU

一张画布重塑你的职业生涯

感谢购买本书的全新版！

如果你还不熟悉个人画布（Business Model You），那就让我们一起先了解一下这套方法的三个核心原则。如果你早已熟悉，请允许我们来介绍一下新版本是如何更新和改进它们的。

个人画布的第一个原则：可视化呈现你的工作价值链，即识别你所服务的客户、用户或利益相关者，以及你为他们带来的具体好处。例如，你是一名全职会计，日常的主要活动可能是"会计工作"。但是，你为企业带来的好处却是"降低了财务风险"。

用我们称之为"个人商业模式"（Personal Business Model）的逻辑图，让你将自己的工作不仅仅看作一堆待处理的任务，而是由各种相互依赖、相互作用的要素共同组成的系统。一旦你确定了个人商业模式的各种要素，就会认识到它们是如何相互影响的，并认识到你可对哪些要素做出改变，以找到属于你的最佳模式。

这种可视化逻辑思考方式，在大多数国家都非常有效，本书的第一版已经被翻译为 20 种不同的语言。近年来，许多在政府、医疗、教育等不以财务目的为核心经营指标的非商业机构从业的读者告诉我们，他们想要一个不以商业语言为主的工作思考工具。

我们开发"工作模式画布"（Work Model Canvas）的原因就在于此。这是一个适用于各行各业的从业者——而不仅仅是商业型公司及员工的通用工具。新版本中首次引入的这款新工具，能让每个人都轻松舒适地实现工作建模（Work Modeling），无论其从事何种职业。

个人画布的第二个原则：确定你工作模式（Work Model）中需要被关注的部分。你可以通过准确找到自己不适感的源头或未实现的机会来做到这一点。

例如，也许你对会计工作感到沮丧，因为你发现自己的日常工作只是整理数据文件，与企业的运营似乎关系不大，找不到工作的成就感。在这个新版本中，我们提出了"角色和关系"这一概念，它鼓励你用为企业带来的"好处"而非所执行的"活动"来定义自己的角色。所以，与其将自己定义为"会计员"，不如将自己的角色重新定义为"风险分析师"或"风险降低专员"。

个人画布的第三个原则：阐明"规划"和"测试"两者之间的差异。我们认为，职业发展就像创业一样，需要的是测试模式，而不是执行计划。

良好的首次测试是将你的工作模式分享给能为你提供有用反馈的人。在这个新版本中，我们还引入了"个人品牌画布"（Personal Branding Canvas）工具。该工具能确保你的工作模式与市场需求相一致，并在你决定跳槽或自主创业时减少重新"推销"自己的麻烦。

最后，我们要真诚感谢我们在中国的合作伙伴，中国独家授权方 bcc 创新咨询。bcc 开发了针对不同场景、不同人群的个人画布培训课程，并在中国的优秀企业中实施落地。很荣幸与 bcc 的合作已进入第五个年头，bcc 的团队在欧洲、美国以及线上参与了我们的培训，他们的专业和热情打动了我们。

衷心祝愿你在自己的个人画布旅程中一切顺利！

蒂莫西·克拉克

布鲁斯·黑曾

帮助10万人掌握画布工具

2018 年 11 月，我们在深圳大中华喜来登酒店首次发布个人画布课程，随后，这个工具被引入腾讯、美的库卡、平安科技等中国优秀企业。

2020 年，新冠病毒感染疫情改变了全球经济结构，也颠覆了很多人的生活。在那一年，我们许下一个心愿：希望帮助 10 万人掌握画布工具，在不确定的世界中找到相对确定的自己。

为什么它可以做到呢？

首先，画布有助于培养企业家精神。我们坚信每个个体都是一家最小单元的公司，我们应该用经营的视角去看待自我价值的实现和可持续成长，将职业生涯看成一场无限游戏，不断打破边界、不断精进。工作是有限游戏，而事业则是无限游戏。画布帮助我们将关注点从"任务"转移到"客户"和"价值"，从"我是谁"转移到在别人眼中我的"个人品牌和职业信誉"如何，这些转移会帮助你找到与世界、与自己最好的相处关系，也是变化的世界中真正属于自己的底气。

其次，画布强调设计职业生涯。传统的职业生涯规划已无法适应快速变化的商业社会。画布鼓励采用"设计""测试""迭代"的方式，以更低的成本实现职业突破和转型。你可以用画布描绘心中理想的职业原型，从而看懂职业原型的工作全局，以做出更好的职业抉择和成长计划。我在 2021 年与北京某高校联合发起的"50 张画布解读 50 个职业"调查项目，为大学生和职业转型人士提供了职业规划参考，获得了意外的好评。

最后，画布可以帮助企业打通组织目标。每个组织都有其商业模式，而每个组织的愿景、使命、价值观都需要通过组织里的每位员工传递给客户。员工不仅是组织的目标实现者，更是组织的价值传递者。我们如何让组织里的每位同事了解公司的经营方向和价值倡导，以实现上下同心呢？ 每位职场人又如何了解所在组织或意向组织的经营情况与决策逻辑？又该如何判断个人与组织的适配度，以做出最佳职业选择……画布可以提供非常好的帮助，我们可以用商业模式画布（Business Model Canvas）分析公司的商业模式、用个人画布分析个人模式，并将两张画布进行对比和分析，用这种可视化逻辑快速帮助打通个人及组织目标。

爱尔兰诗人叶芝曾说过：教育的本质不是注满一桶水，而是点燃一把火！

作为中国区的总导师，我们很荣幸在中国开设了十几期认证班，发展了近百位认证从业者，一起参与这场画布的星火传递之旅。非常感谢蒂莫西、布鲁斯、亚历山大、伊夫等画布创始团队的信任和帮助，也很感激所有的伙伴，与我们一起帮助 10 万人掌握画布工具、激活个体和企业价值，实现可持续成长的心愿！

最后，感谢编辑袁璐和刘浩的耐心和专业突破，鼓励我们在翻译本书时结合中国读者的阅读习惯"意译"，而不是简单的"直译"。我和我的团队反复核对十几遍以期为读者带来更流畅的阅读体验，但仍然有不足之处，请海涵。

祝您有一段愉快的阅读之旅！

bcc 创新咨询
CEO. Sophie 贺芳芳

你

《商业模式新生代（个人篇）》（*Business Model You*）是如何诞生的

蒂莫西

2009 年，作者蒂莫西·克拉克开始使用由亚历山大·奥斯特瓦德和伊夫·皮尼厄开发的一项开创性工具：商业模式画布（Business Model Canvas）。这项工具将创业和设计思维原则应用于职业发展。由此本书诞生了。

亚历山大

伊夫

这是一本关于"职业建模"（Career Modeling）的开创性图书，由主要作者蒂莫西·克拉克和布鲁斯·黑曾与亚历山大·奥斯特瓦德、伊夫·皮尼厄、艾伦·史密斯、帕特里克·范德皮尔、崔西·帕帕达克斯和梅根·莱西合作编写，汇集了来自 43 个国家的 300 多名职业教练、人力资源专业人士和职场向导的意见。

艾伦

崔西

帕特里克

梅根

《商业模式新生代（个人篇）》自出版以来，先后被翻译为 20 种语言，并让职业建模风靡全球。本书是更新后的第二版，这个全新的版本是对世界各地的职业重塑者的致敬，包括正在捧起这本书的你！

布鲁斯

梅赛德斯

路易吉

随着个人画布的发展，世界各地的专业人士和组织纷纷采用了这个模型。职业专家布鲁斯·黑曾和培训师兼教练梅赛德斯·霍斯加入了我们，成为方法论共同开发人员。

万宝盛华集团益百利学院主任、驻阿姆斯特丹的马塞尔·莱金表示："我们发现个人画布对于培养年轻员工在公司内有效地工作非常有用。"

俄勒冈健康与科学大学（OHSU）副总裁兼首席护理执行官黛娜·比雅纳松表示："我们从本书中引入服务模式概念已有多年，我们的护理管理者一直在用它来减少组织中的模糊性，并创建高效能团队。"

在这个全新版本中，个人品牌大师、我们的长期合作者路易吉·森特纳罗加入了我们，他将教你如何打造强大的个人品牌。

德语

意大利语

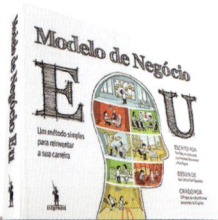

葡萄牙语

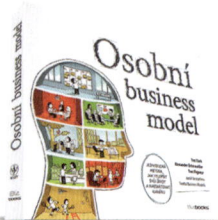

捷克语

阿拉伯语

波斯语

个人画布合作伙伴和认证从业人士

贺芳芳

在中国，个人画布的授权方为 bcc 创新咨询，在创始人贺芳芳（Sophie）和合伙人杜军（Jason）的带领下，bcc 创新咨询为企业和个人提供培训。

杜军

目前已有 600 多名个人画布认证从业人士活跃在世界各地。你可以在个人画布的官方网站上联系到他们，也可以在网站上了解如何获得认证。

正在使用个人画布的组织

巴斯夫	Encore NEO	日立	欧文斯科宁	Siili
拜耳	意大利国家电力公司	惠普	中国平安	腾讯
bcc创新咨询	益百利学院	Learn2Earn	普华永道会计师事务所	
Cattolica	安永会计师事务所	万宝盛华集团	荷兰合作银行	以及其他50多所大学和学院
招商银行	谷歌	美国俄勒冈健康与科学大学	SAP	
第一三共株式会社	格兰泰	Orange	ServiceMaster	

俄语

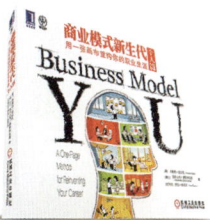

中文（简体）

中文（繁体）

韩语

日语

蒙古语

本书中登场的来自各行各业的人

目录

第 1 部分

绘制

学会理解和描述职场
以及你的工作

第 1 章

打开职场满意度的钥匙和治疗职场痛苦的良药

从更高的角度看待工作

你有没有考虑过换一种工作方式？甚至干脆换个新的职业？

我们都曾想过。但我们大多数人都缺少一种有效、结构化的方法来从根本上改变我们的工作方式。

因此，即便我们在工作中得不到满足，缺乏成就感，甚至感到苦闷也不会主动改变，直到原地踏步的痛苦变得比我们对改变处境的恐惧更强烈。

这说明了一个令人不安的事实：我们中的大多数人都在从事一系列未经计划的工作。这些工作围绕着一个总的主题方向，随着时间的推移形成了我们的职业生涯。我们的职业发展是默认的，而不是主动设计出来的。

我们把这种"甩手掌柜"式职业发展称为"你的整个职业生涯都只能重复做同样的工作"。但我们大多数人并不愿意一直做同样的事，而是更愿意按照自己的兴趣和优势，有策略地朝着让自己更满意的工作方向发展。

这本书可以告诉你如何做到这一点。

你将扩大视野，从更高的角度看待工作，用简单的一张图，把你所在的职场或客户，以及你的工作如何使他们受益，直观地描述出来。我们的核心方法是做出一张描绘你的工作与你所处职场之间的关系图，而不仅仅是用语言将工作描述为一堆任务。无论你在哪里工作，无论你的工作方式如何，这种更开阔的视野都会扩大你的影响力。

掌握这种方法会使你终生受益，因为它是基于永恒的人性原则的。无论遭遇经济起伏、技术热潮、社会政治动荡还是劳动力市场变化，这种原则都不会改变。它既是一把让你持久获得职场满意度的钥匙，也是治愈职场痛苦的良药。

接下来的章节将通过实际案例来一步一步详解这种方法，给出清晰明确的三步式指导，提供终生受用的导航工具，引领你渡过职业生涯中的起起伏伏。通过它，你会像本书第一版的全球数十万读者一样，发现职业建模的强大之处。你现在已经参与到了一场全球规模的实践之中！

为什么要用商业模式（Business Model）

你可能早就听说过商业模式这个词，那它究竟是什么呢？

从商业层面上讲，商业模式是指让组织持续获得财务收入以维持运作的逻辑。

显而易见，这个词通常指企业经营。但我们希望你先将自己视为"一个人的公司"，无论你是在企业工作，还是在政府、医疗卫生或教育等非商业领域工作。我们会提供一个方法，帮助你定义和调整"一个人的商业模式"，也就是你的谋生逻辑，并告诉你如何将自己的兴趣和优势运用到个人职业发展中，并使你的同事或客户从中受益。

事实证明，商业模式是一个强有力的框架，你可以通过它定期地描述、分析和改变你的工作方式。你可以把这种方法看作一种永不

枯竭的可再生资源，它会让你在有生之年都能敏锐地把握自身在职场中的定位。

时代在变，商业模式也在变

我们大多数人都是在为某个组织工作，而组织会受到各种个体无法控制的因素影响：新技术、经济的繁荣与萧条、社会趋势或人口趋势变化、全球竞争加剧、环境问题，等等。

气候危机、电池技术和其他技术的飞速进步加速了全球向电动汽车和电力能源的转型。这在创造全新行业和就业机会的同时，也颠覆了那些与传统汽油发动机或化石燃料生产联系紧密的企业和职业。

我们见证了战争和全球新冠病毒感染疫情如何扰乱社会和人们的生活，颠覆行业、职场和许多人的职业生涯的。我们也目睹了备受关注的美国种族不平等问题是如何推动社会觉醒，迫使企业在招聘和晋升时认真考虑多样性、公平性和包容性问题的。

这些外部因素超出了个人和企业的控制范围，并且深刻地影响到了企业的经营方式。

企业无法改变其经营环境，因此必须改变自身的商业模式（有时还要创建新的模式）以维持竞争力，甚至是为了生存。

然而，这些新的商业模式也会引发动荡并导致变化。这给一些人带来新的机会，也让另一些人失去了工作。新的商业模式不断改变人们的工作环境和工作方式，无论是在商业机构还是非营利机构，皆是如此。

人们必须做出改变

个人和组织有所不同，但它们至少在很重要的一点上是一致的：个人和组织都会受到自身无法控制的环境和经济因素影响。

既然无法控制这些因素，那么你该如何保持成功和满足感呢？你必须确定你的运作方式，然后调整你的工作方法来适应不断变化的环境。

与环境变化同样重要的是，我们都会随着年龄的增长而经历人生阶段的变化。20 岁出头刚开始工作的人与 30 多岁要结婚生子的人的关注点往往有很大不同。同样，30 多岁的人与那些要照看孙辈、准备退休、面对死亡或疾病，或开始所谓"再就业"的老年人也不一样。

不过你大可放心，在本书中学到的技能会让你巧妙地应对环境和生活阶段的变化。

适合所有人的工作模式

自本书第一版出版以来，我们了解到这种方法对非商业人士和商业人士同样有用。因此我们开发出了服务模式，以供政府、医疗卫生、教育及非营利或社会企业等非商业领域的专业人士使用。大量的商业书籍都过度关注财务收入驱动型企业的员工，而我们的宗旨是服务于所有专业人士，无论他们是在努力争取社会影响力、个人表达还是财务收入。

工作生态

当你准备改变工作地点、工作方式或为之工作的理由时。不妨先退一步，从"宏观"的角度把工作看作一个生态系统，这会对你很有帮助。

你可以把工作（work）想象成一棵树：它生长在由食物、衣服、住所、健康、社区和安全等人类永恒需求组成的肥沃土地上。一棵树有树根、树干、树枝和树叶。树叶是整棵树中最脆弱的元素。当风吹过时，树叶会飞散飘落；当季节变换时，树叶会凋落死亡。[1]

树叶就像岗位（job）：它们是最脆弱的工作形式。每天都会有成千上

万的旧岗位消失。每天都会有成千上万的新岗位出现。

树枝要比树叶结实。它们在风中会弯曲，能够承受季节的变化。但当风暴来袭时，它们往往就会断裂或掉落。

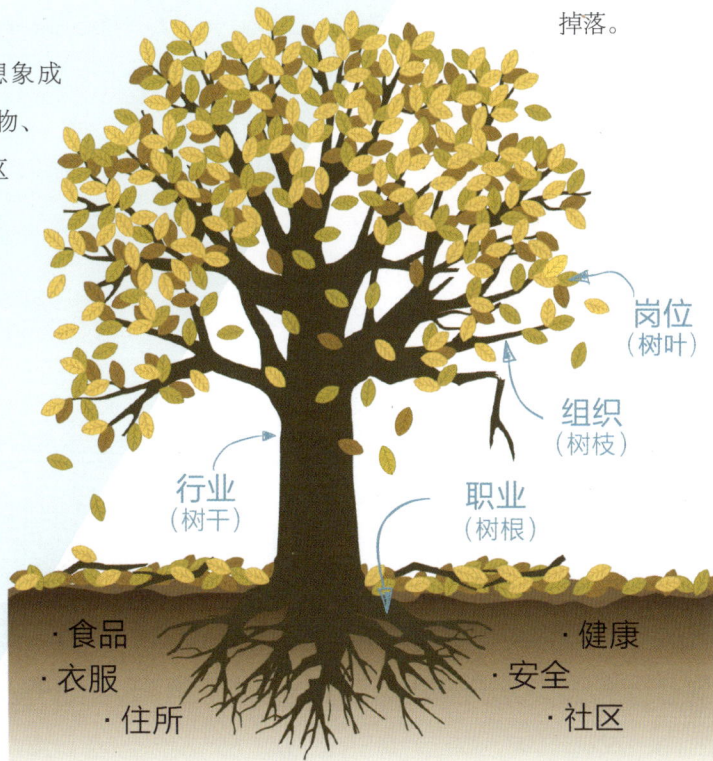

行业（树干）
岗位（树叶）
组织（树枝）
职业（树根）

·食品
·衣服
·住所
·健康
·安全
·社区

树枝就像组织（organizations）：它们比树叶更结实，但只有极小部分能活得比人寿命长（统计显示，标准普尔 500 指数公司的平均寿命仅有 21 年多一点）。

树干比树叶更结实。它们不怕风，无惧季节变化和风暴。但若遇到火灾或雷击，它们还是会死掉。

树干就像行业（industries）：它们比树枝结实得多，但时间长了，它们也会枯萎。就像现在的旅行社、出租车、百货公司和报纸等行业一样。

树根是树最持久的元素。树叶、树枝和树干死去时，树根却承载着新生的希望。

树根就像职业（professions）：它们是最持久的工作形式。有能力的人可以在其他行业继续从事他们的职业。

但**职业**到底是什么意思呢?

在 12 世纪的法语中,这个词的意思是"加入宗教团体时许下的誓言",而在中世纪的拉丁文中则是"公开声明"的意思。后来,这个词的意思变成了"庄严的声明"和"某人自称精通的职业"。

现在,职业是指一种有专门技能的工作,它需要高水平的技能、知识和培训,以使从业者可沿着既定途径朝更高的能力或复杂性发展。

例如,驾驶叉车不是一种职业,因为驾驶员除了能够熟练操作叉车之外,并没有任何发展的途径。但焊接是一个职业,因为有多种发展途径,可以将职业生涯发展到复杂的材料、应用和施工环境上。

当然了,还有许多人的工作是在职业范围之外。他们从家庭、爱好、宗教或其他非职业活动中获得的意义和满足可能要比从职业中获得的更多[2]。但不管人们的工作是不是属于职业范围,工作的理念都是一样的。

所有的工作都生长在由食物、衣服、住所、健康、社区和安全等人类永恒的需求组成的肥沃土地上。工作的存在和发展是为了满足一个或多个这种核心需求。

因此,你的工作越是直接涉及提供食物、住所、医疗卫生或其他核心需求,就越是稳定;离满足基本需求越远,就越不稳定,例如为已经拥有一切的人制作 T 恤,或者为远无法成为金融客户的人准备申请文档。我们可以问自己:我们的工作离满足人类核心需求有多远?

对于那些来回跳槽的人,他们所追求的是最不稳定的工作形式。

一直待在某个**组织**中的人,他们的稳定性会更高些,而专攻某个行业的人的稳定性会更高。但是对**职业**人士来说,尤其是专注于满足人类核心需求的职业,能提供最持久、最稳定的工作形式。

如果能做到的话,就成为某个领域的专家吧。

职业规划已死，职业建模常胜

传统职业规划强调的是线性的"从计划到执行"的过程，从个性和职业评估开始，平稳地发展到职业选择、教育、长期就业，然后是退休。但这种方法已经过时几十年了，而且不确定它是否对大多数人曾经有效。

我们更倾向于采用设计思维的工作方法，也就是强调**测试**和**迭代**，而不是**计划**和**执行**。传统的计划和执行式解决问题的方法是这样的：

1. 尽快确定问题。
2. 花大量时间制订解决问题的计划。
3. 执行计划。
4. 当计划与现实发生冲突时，收拾烂摊子。

相比之下，**测试**和**迭代**是这样的：

1. 花大量时间定义问题。
2. 想象许多可能的解决方案，然后选择最合理的那个。
3. 将方案原型化并进行测试。
4. 从原型与现实的冲突中获得经验，然后继续前进或转向（回到步骤 1、步骤 2 或步骤 3）。

设计思维的关键要素在于定义、构思、原型化和测试。这个序列与我们的"**绘制→反思→修正→测试**"四段式职业重塑流程类似。

职业重构就像设计思维一样是迭代的，就是你会经常多次重复流程中的某个步骤，就像你会对职场进行多次画图，直到完全合理为止。

职业重构与设计思维的相似之处还在于，它是递进式的，也就是说你可能需要退回到系统中的较早阶段。例如，当**测试**表明新的职业模式与市场现实相冲突时，你就必须退回到修正阶段（或是**反思**阶段）。

要记住的东西还真不少！所以**画布**是非常有用的：它把信息和关系以图片的形式展示出来，这样我们就不用在脑子里记住大量文字了。

现在该把你的职业绘制出来了。将接下来的几页当作素描本使用：记下笔记，划出关键词，或是在空白处涂鸦（我们在这页留了点咖啡渍，这样你就可以毫不犹豫地涂鸦啦）。

让我们开始吧！

第 2 章

要了解你的工作，
就要了解你的
工作场所

商业模式画布

我们将"商业模式"定义为让一个企业获得财务支撑以持续运作的逻辑。简单地说，它是企业赖以生存的逻辑。

就像建筑师通过绘制蓝图来指导施工一样，企业家通过设计商业模式来指导企业的创建。同样，经理也可以通过绘制商业模式，来更好地了解现有组织的运作方式。

要了解现有的商业模式，得先问两个问题：

1. 客户是谁？
2. 客户需要完成什么工作？

为阐明这一点，我们来看看这三家企业。

第一个：叫车服务商来福车（Lyft），它让消费者通过智能手机预定类似出租车的服务，并可以通过它进行支付。

对传统出租车的用户和无车一族来说，来福车比传统出租车更为快捷、方便、便宜。而且由于支付是在来福车 App 上完成的，因此不必直接向司机支付费用或小费。这既节省了时间，也让乘客和司机之间的互动更愉快。

下一个例子是 Kumon。

Kumon 为学龄前儿童至高中生提供课外的数学和阅读强化课程。但与昂贵的按小时收费的一对一辅导式强化课程不同，Kumon 指导学生独立完成一系列渐进式练习，而他们的家长则每月为每个科目支付适当的固定费用即可。

最后一个是维斯塔（Vesta），这家企业为其他公司提供电子采购服务，每天要执行数十万笔交易。处理这样的交易是非常复杂的，需要强大且先进的安全和反欺诈措施，而很少有公司能同时负担得起这两方面的内部开发和维护。

那么，这三家企业有什么共同点呢?

它们都是帮助客户完成工作从而获得报酬。

· 与传统出租车相比，来福车能让乘客更为迅速且舒适地到达目的地。

· Kumon 通过培养孩子自律性，使其在学业上取得成功。
· 维斯塔帮助企业规避欺诈风险，使其能够专注于收款外的其他业务领域。

这听起来似乎很简单。

与这些例子不同，在政府、医疗卫生、教育及非营利或社会企业等单位中定义"客户"和"工作"就有些难度了。

商业模式思维能帮你识别和描绘客户及他们的工作，
并学会如何帮客户完成工作，
从而让你赚到钱，并获得满足感。

每个组织都有商业模式

既然"商业模式"是支持企业在财务上持续发展的逻辑，那么是不是说只有营利性公司才拥有商业模式呢？

并非如此。

每家企（事）业单位（enterprise）都有自己的商业模式。[3]

几乎每个现代组织都需要资金来开展工作，无论它们是营利性企业还是非营利性企业，是政府还是其他类型的组织。

例如，假设你为国际慈善组织 Mercy Corps（国际美慈组织）工作。这是一家非营利性组织，主要在一些新兴国家帮助贫困或遭遇灾难的人。尽管国际美慈组织是一个非营利组织，但它仍然需要：

· 支付员工工资、设施租金、差旅费和水电费。
· 购买设备和物资以支持其农业与应急响应等项目。
· 向微型企业和有抱负的企业家提供担保或贷款。
· 建立储备基金以备将来扩展业务。

国际美慈组织的主要动机不是获得经济利益，相反，它的目标是为有需要的社区服务。然而，即便是非营利组织也需要资金来开展工作。

因此，国际美慈组织像其他企业一样，必须**通过帮助客户完成工作来获得报酬**。

让我们思考一下国际美慈组织的两个有关商业模式的问题：

客户是谁

国际美慈组织实际上有两组**客户**。第一组客户是贫困或遭遇灾难的群体。他们是国际美慈组织人道主义服务的直接受益者。

第二组**客户**是个人捐赠者、大型慈善组织和基金会，它们提供资金、人力或专业知识来支持国际美慈组织的人道主义工作。

客户需要完成哪些工作

国际美慈组织帮助其主要客户群体（第一组客户）完成的工作是减轻他们因陷于贫困或遭受自然灾害而承受的苦难；帮助其次要客户群体（第二组客户）完成的工作是为他们履行人道主义和慈善的义务与愿望（同时也为他们实现税收减免），为此，这些次要客户会以礼物、捐款、劳动、专业知识或定期捐款的形式向国际美慈组织"付款"。

这里有一个关键点：**任何向特定客户群体提供免费服务的组织都必须从另一客户群体处获得补贴**（这在社交媒体或 Instagram、谷歌或 Craigslist 等"平台"服务中很常见，它们的绝大多数客户在免费享受平台服务，只有一小部分客户为广告或额外服务付费）。

从中可以看到，国际美慈组织就像其他营利性企业一样，也要面对这两个商业模式问题。

残酷的事实

如果国际美慈组织停止接受捐赠和捐款，会发生什么？

它将无法履行使命。即使国际美慈组织全体员工都同意继续无偿工作，这个组织也无法支付其他必要费用。它唯一的选择就是停业。

现代经济中的每个企（事）业单位都面临一个残酷的事实：现金用完，就得关门。

对于企业、非营利性组织、政府及在现代经济中的几乎所有组织来说都是如此。

不同的组织有不同的目的。但为了生存和发展，都要遵守一个生存逻辑。它们必须具备一个可行的商业或服务模式。

"可行"的定义很简单：**流入的现金必须多于流出的现金。或者，流入的现金至少要和流出的现金一样多。**

你已经学到了商业模式的基本知识，即客户和现金是如何支撑企业的。

但商业模式涉及的不仅仅是现金和客户。

商业模式画布描述了一个商业模式的九个要素是如何组合在一起的，这是一种"描绘"企业如何运作的强大工具。

为什么用图片

了解组织如何运作并不简单。大型或复杂的组织拥有许多组成部分，如果不以简化的方式对其进行直观描述，就很难总览全局。商业模式画布为简化复杂组织提供了一个直观的便捷工具。

图片和图表也有助于将默认的假设转变成明确的信息。而明确的信息可以帮助我们更有效地思考和沟通。

九大要素

组织是如何为客户提供价值的

关键活动
（ Key Activities ）

创造和提供价值主张并与
客户保持良好关系所需的
关键任务和行动。

价值主张
（ Value Propositions ）

客户通过购买服务或产品所
得到的收益。

客户关系
（ Customer Relationships ）

与客户之间的关系类型及目的。

关键伙伴
（ Key Partnerships ）

部分关键活动和关键资
源是从组织外部获取的。

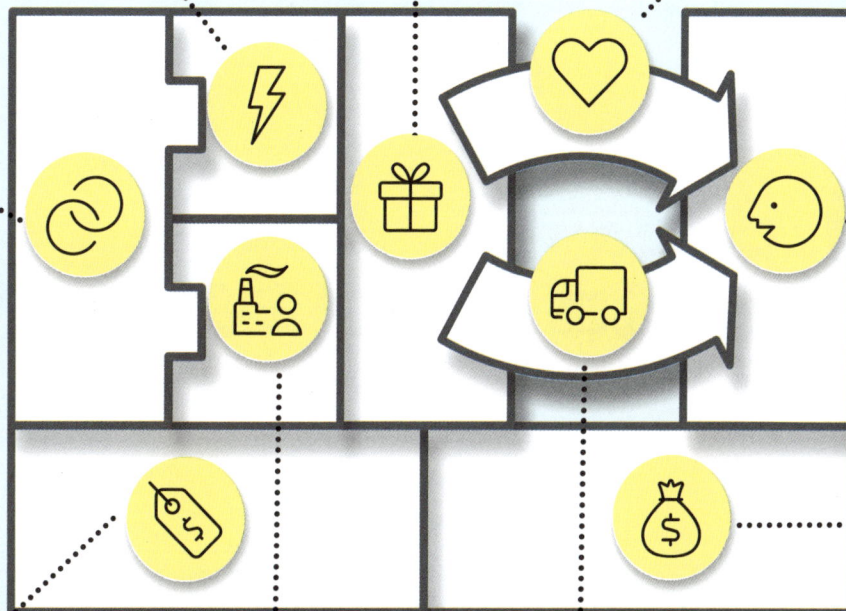

客户细分
（ Customer Segments ）

客户是组织存在的原因。但要
注意，有些客户是付费的，有
些客户则不是。

收入来源
（ Revenue Streams ）

客户为服务或产品支付的钱。

成本结构
（ Cost Structure ）

获取与维护关键资源、开展
关键活动及与关键伙伴合作
所产生的费用。

关键资源
（ Key Resources ）

创造、传递和交付价值主张
及确保售后满意度所需的资
产及资源。

渠道通路
（ Channels ）

沟通、销售和交付价值主张
及确保售后满意度的途径。

商业模式画布

客户细分

客户是一个组织能够存在的原因。如果没有付费客户，任何组织都无法长期生存。

每个组织都服务于一个或多个不同的**客户群体**。

为企业提供服务的组织称为 B2B 公司，为消费者提供服务的组织称为 B2C 公司。

如前所述，有些组织同时为付费**客户**和非付费**客户**提供服务。例如，大多数谷歌用户无需为谷歌的服务支付费用。然而，如果没有数以亿计的非付费**客户**，谷歌就没有东西可以卖给广告商或市场研究人员。因此，非付费**客户**可能是商业模式成功的关键。

关于**客户**，需要记住以下几点：

· 不同的**客户**可能需要不同的价值主张、渠道或客户关系。
· 组织从一组**客户群体**那里获得的收入往往会超过从另一组**客户群体**那里获得的收入。
· 有些**客户**付费，有些**客户**可能不会付费。

价值主张

要将价值主张视为由"一揽子"服务或产品创造出的客户收益。提供卓越价值的能力是客户选择某个组织而非另一个组织的原因。以下是不同价值主张的例子：

便利

为客户节省时间或减少麻烦对他们来说是一项重要的收益。如前所述，相比传统出租车，来福车提供了更方便快捷的叫车方式。

价格

很明显，客户选择某项服务通常是因为它能为他们省钱。例如，Zoom 就是以比竞争对手更优惠的价格提供全球视频会议服务，还提供由付费客户补贴的免费服务。

设计

许多客户都愿意为优秀的产品与服务设计付费。例如：苹果电脑、手机和手表虽然比竞争对手的产品贵，但无论是作为设备还是作为集成应用的一部分，这些产品的设计都非常漂亮。

品牌或地位

某些公司通过让客户感到尊贵或有面子来提供价值。举个例子：全世界的人们之所以愿意为古驰（Gucci）的时装和奢侈品支付高价，是因为古驰已经塑造了一个象征品位、财富和对品质的追求的品牌形象。

降低成本

公司可以帮助其他企业减少成本，从而增加它们的收益。例如，许多公司发现使用亚马逊网络服务（Amazon Web Services）这种第三方管理的远程服务器的成本要比自己购买和不断升级服务器低得多。

减少风险

企业客户希望减少风险，尤其是与投资相关的风险。高德纳（Gartner）这类公司会出售研究和咨询服务，帮助其他公司预测在公司技术上投入额外资金的潜在收益。

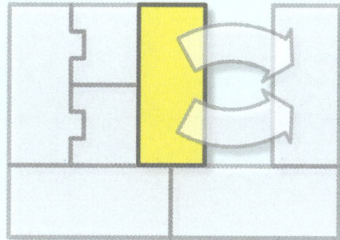

商业模式画布

渠道通路

渠道有五项功能，构成了整个营销过程：

1. 建立产品或服务的知名度。
2. 帮助潜在客户评估产品或服务。
3. 让客户能够购买。
4. 向客户交付价值。
5. 提供支持以确保购买后的满意度。

拥有或掌控渠道的公司拥有更强健的商业模式。组织也可以通过签约关键伙伴，并使其成为渠道合作伙伴来掌控渠道。

典型的渠道包括：当面或电话、现场或店内、线下交付、互联网（网页、视频会议、电子邮件、社交媒体、博客等）、传统媒体（邮政邮件、标牌、电视、广播、报纸等）。

客户关系

组织应明确客户喜欢的关系类型。是私人定制的，还是自动推送或自助服务的？是单笔交易的还是订阅式服务的？

此外，组织还应当明确维护客户关系的主要目的：是为了获得新客户，还是保留现有客户，抑或是从现有客户处获得更多收入？

目的可能会随着时间而改变。例如，在移动通信的早期阶段，手机公司专注于获取新客户，使用提供免费电话等激进策略。当市场成熟后，它们的重点就转到了保留现有**客户**和增加单个**客户**所带来的平均**收益**上。

还有一个需要考虑的因素：越来越多的公司（如亚马逊）正在与**客户**共同创造产品或服务。

商业模式画布

收入来源

组织必须知道：①客户愿意为什么价值付费；②客户喜欢的收费方式是什么。

收入分为两种基本类型：①客户一次性付款；②客户对服务、产品、售后维护或支持的经常性付款。

收入有以下几种形式：

买断

客户购买实物产品的所有权。比如，丰田出售的汽车，购买者可以自由驾驶、转卖、改装甚至销毁产品。

租赁

租赁是指购买在固定时间内使用某种东西的临时专有权，如酒店房间、公寓或租车。租用或租赁的人（"承租人"）无需支付所有权的全部成本，而业主（"出租人"）则可得到经常性收入。

服务费或使用费

电力公司按业主的用电量收费，快递公司按包裹向客户收费；律师、医生、顾问和其他服务提供者按小时或按程序收费；Meta（Facebook 已部分更名为 Meta）这样的广告销售商按曝光量或点击量收费；安保服务是按待命及在警报响起时的行动收费。

订阅费

新闻服务、健身房和在线游戏提供商以收取订阅费的形式持续提供服务。

许可费

知识产权持有人可向客户授权使用其受保护的资产来换取许可费。这种模式在媒体和技术行业很常见。

经纪（匹配或撮合）费用

21 世纪不动产等房地产经纪通过撮合买家和卖家达成交易来赚取中介费，而 Monster.com 等求职服务是通过匹配求职者和雇主来赚取费用的。

关键资源

有四类关键资源：

人

所有企业都需要人，但某些商业模式尤其依赖人力资源。例如，梅奥诊所（Mayo Clinic）需要拥有世界先进医学知识的医生和研究人员。同样，像罗氏集团（Roche）这样的制药公司也需要顶尖的科学家和大量业务熟练的销售人员。

物

房地产、设备和车辆是许多商业模式的关键组成部分。例如，亚马逊需要有大型的仓库，并在仓库中配备大型输送机和其他昂贵、专业的设备。

智

智力资源包括品牌、公司开发的方法和系统、软件及专利或版权等各种无形资产。例如，捷飞络（Jiffy Lube）拥有强大的品牌知名度及他们独特的服务客户的方法，它将其授权给加盟商。电信芯片组设计公司高通（Qualcomm）围绕专利设计建立了自己的商业模式，赚取授权费。

财

财务资源包括现金、信用额度及财务担保。例如，电信设备制造商爱立信有时会向银行借款，然后用一部分款项为**客户**采购设备提供融资，从而确保**客户**向爱立信下单而非其竞争对手。

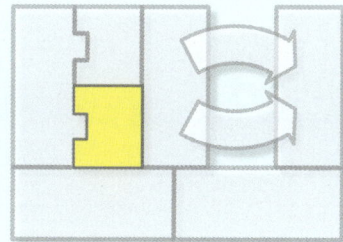

商业模式画布

关键活动

使组织能够创造、传递、交付和支持价值主张的基本行动：

制造包括设计、开发、交付服务，以及解决问题和制造产品。对于服务公司来说，"制造"既表示为将来交付服务做准备，也表示服务交付本身。这是因为像理发这样的服务在交付时就"消费"掉了。

销售是指对潜在**客户**进行有关**价值主张**的宣传、广告或教育。具体行动包括教育或培训、计划或执行广告及促销活动，以及电话销售等。

支持是为了确保**客户**满意。具体行动包括进行调查或采访，然后汇总和交付结果。请注意，**关键活动**通常不包括会计这类不直接涉及制造、销售或支持**价值主张**的行政任务。

我们倾向于从任务也就是**关键活动**的角度来考虑我们的工作，而非从这些活动所提供的**价值**的角度。但当**客户**选择某家公司时，他们更感兴趣的是他们能获得的价值，而不是任务本身。

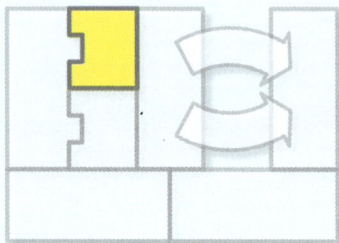

关键伙伴

提供关键资源或执行关键活动的组织或个人。

对一个组织来说，拥有所有资源或自己开展所有活动是不现实的。有些活动需要昂贵的设备或特殊的专业知识，所以证券和电信公司通常会将在线支付安全和防欺诈活动外包给维斯塔这样专门从事此类工作的公司。

真正的合作伙伴关系是超越了单纯的供应商关系或财务关系的。例如，婚纱租赁公司、花店和摄影师可以互相免费共享他们的**客户**，从而合作开展对三方都有利的促销活动。

成本结构

商业模式画布

获取关键资源、开展关键活动或与关键伙伴合作都会产生成本。

创造和交付价值、维持客户关系和创造收入都需要现金。确定关键资源、关键活动和关键伙伴后，就可以大致算出成本。在大多数商业模式中员工工资是最大的成本。

低成本规模化扩张能力是一个与成本和商业模式整体有效性有关的重要概念。规模化是指企业能够有效地应对需求的大幅增长，换句话说，就是有能力在不影响也不牺牲质量的情况下有效地为更多客户提供服务。从财务角度来说，规模化意味着为每个新增客户服务的额外成本下降，而不是不变或上升。

手机应用就是一个规模化业务的好例子。一个 App 在开发完成之后，就可以以非常低的成本复制和分发，企业为下载 App 的新增客户提供服务的费用接近于零。因此，无论这个公司销售 3 个还是 3 万个应用程序，其复制和分销成本几乎是一样的。

相比之下，咨询业务和个人服务公司很难具有规模化能力。这是因为，为每个新增客户服务一小时，就需要再花一小时的从业时间，即为每个新增客户服务的额外成本保持不变。因此，单纯从财务角度来看，可扩展企业比不可扩展企业更具吸引力。

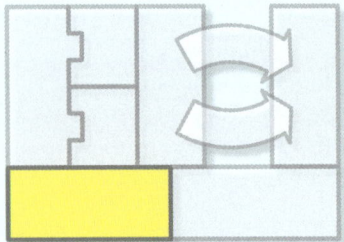

这九个要素共同构成了
一个强有力的工具：
商业模式画布

商业模式画布

| 为谁设计： | 由谁设计： | 日期： | 版本： |

关键伙伴	关键活动	价值主张	客户关系	客户细分
	关键资源		渠道通路	

成本结构	收入来源

Strategyzer

现在轮到你了

1. 绘制或打印画布，也可以在电脑或平板电脑上打开画布文件。

2. 把空白便签贴在画布上的各个模块中。

3. 在便签上写下每个模块的说明。

现在试试在下一页上画出你雇主（或你自己的企业或主要客户）的商业模式。以下技巧能帮你让页面保持简洁：

每张便签上只写一个信息，不要在一张便签上写多个要点 。将不同的想法分开写，这样才方便便签移动。

在第一次绘制商业模式时，保持**画布**简单整洁。当你在整体上掌握画布的逻辑后，就可以添加细节了。

使用精准的词汇。例如，**关键活动**应当是动词：写"售卖"（sell）而不是"销售"（sales）。

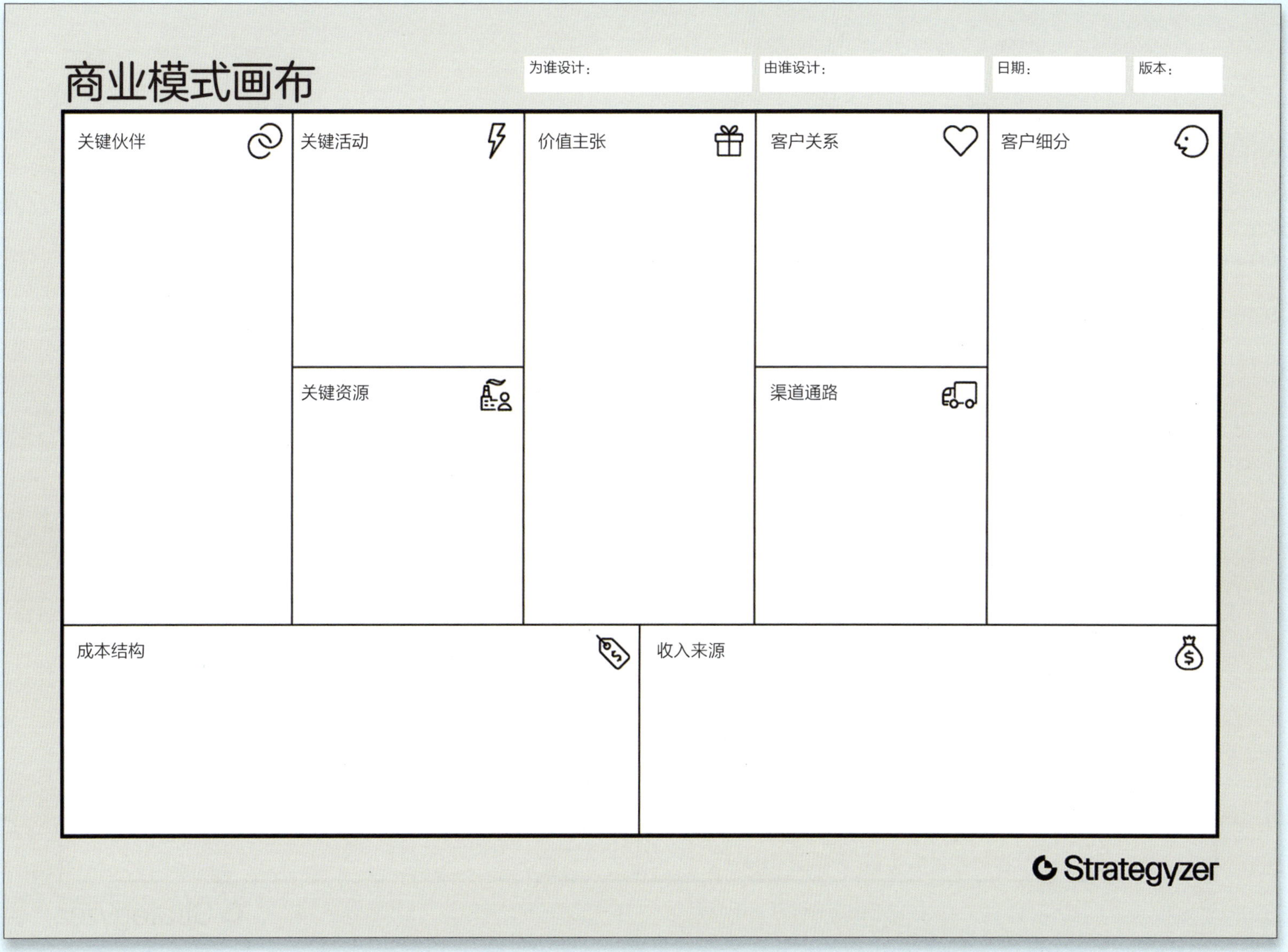

商业模式画布

为谁设计：

由谁设计：

日期：

版本：

关键伙伴	关键活动	价值主张	客户关系	客户细分
	关键资源		渠道通路	

成本结构

收入来源

Strategyzer

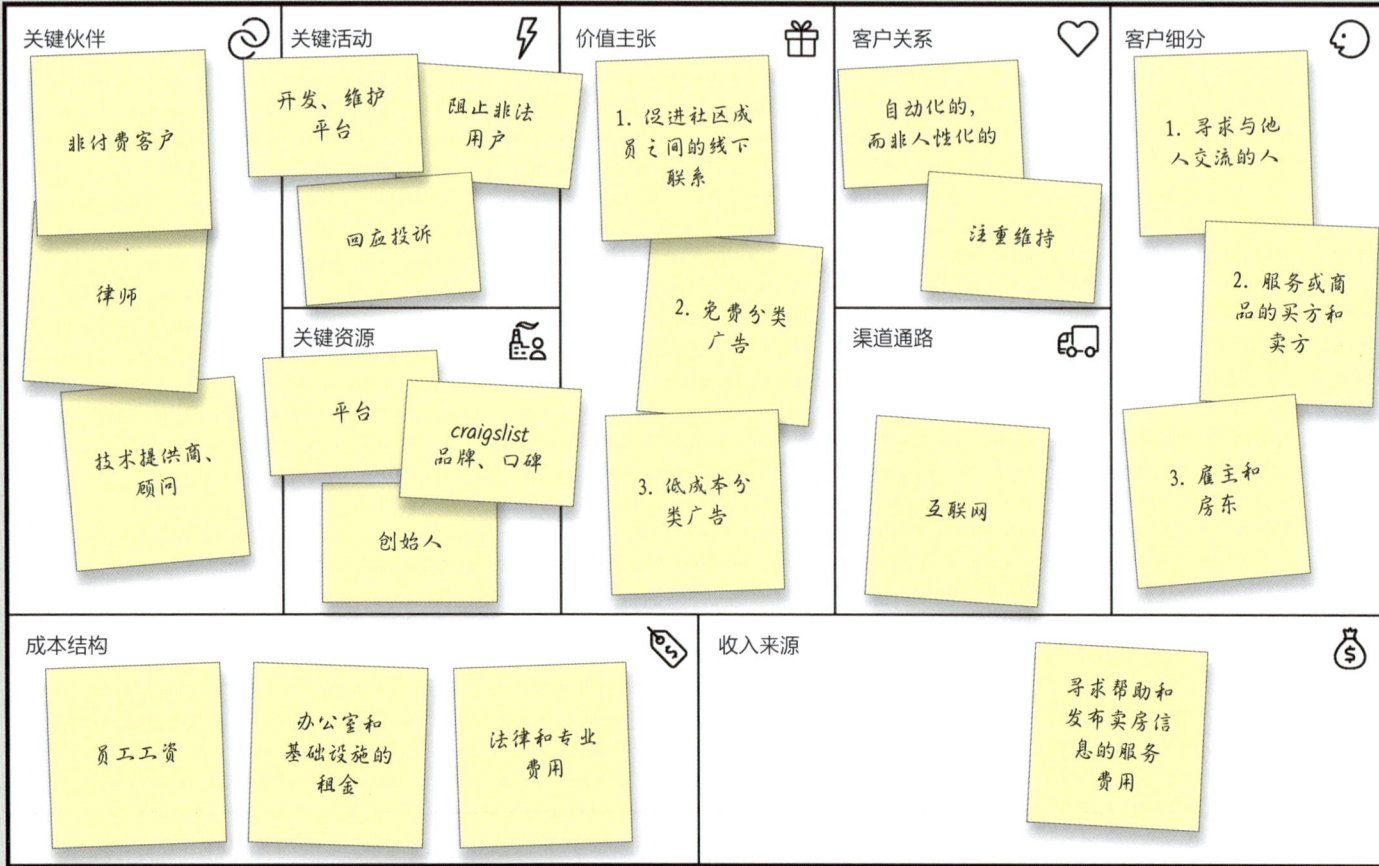

商业模式示例：craigslist.org（全球第一分类广告媒体）

商业模式画布

| 为谁设计： | 由谁设计： | 日期： | 版本： |

关键伙伴

非付费客户

律师

技术提供商、顾问

关键活动

开发、维护平台

阻止非法用户

回应投诉

关键资源

平台

craigslist品牌、口碑

创始人

价值主张

1. 促进社区成员之间的线下联系

2. 免费分类广告

3. 低成本分类广告

客户关系

自动化的，而非人性化的

注重维持

渠道通路

互联网

客户细分

1. 寻求与他人交流的人

2. 服务或商品的买方和卖方

3. 雇主和房东

成本结构

员工工资

办公室和基础设施的租金

法律和专业费用

收入来源

寻求帮助和发布卖房信息的服务费用

Strategyzer

craigslist.org 是世界上被使用最频繁的网站之一，它提供分类公告和广告，帮助人们与社区中的其他人联系，寻找工作和住处，购买、出售和交换服务与商品。该公司在 70 个国家设有 700 个网站，每月发布超过百万个职位信息。尽管 craigslist 具有无拘无束的类创业公司企业文化，但按员工人均产值计算，它仍是全球盈利能力最强的公司之一：行业观察人士估计，该公司仅有 50 名员工，但年收入超过 6 亿美元。

客户细分

大多数 craigslist 的客户都不为服务支付费用。不过，craigslist 会在部分城市向雇主和房东收取发布费。这些付费客户"补贴"了非付费客户（用户）。

价值主张

craigslist 的首要优点在于促进了社区成员之间的线下联系。第二个优点就是免费的分类广告。客户在几乎所有能够想得到的服务和产品上都要用到这种广告。通过提供这种免费的分类广告服务，craigslist 拥有了庞大而忠诚的客户群体，从而使它能够为雇主和房东提供第三个优点：高效、低成本的职位和房地产信息发布。

渠道通路

通过网络、电子邮件和自动呼叫来宣传、交付和维护客户福利。

客户关系

craigslist 用户可用自动化的网络和电子邮件流程在网站上创建、编辑和发布消息，而无需 craigslist 工作人员的干预。虽然 craigslist 在很大程度上是依靠用户来识破欺诈的，但它也具备一套复杂的基于自动呼叫和电子邮件的用户认证与防欺诈系统。

craigslist 专注于优化现有客户的用户体验：其基础设计 20 多年来一直保持不变。

收入来源

只有雇主和房东为 craigslist 创造收入。

关键资源

craigslist 最重要的有形资源是它的平台：网站、代码、数据库和服务器，这使客户之间的互动成为可能。它最重要的无形资源是由其创始人克雷格·纽马克 (Craig Newmark) 的公共服务和慈善声誉支撑的 craigslist 这个品牌。

关键活动

craigslist 最重要的活动是开发和维护自己的平台。损失 100 名工程师也不见得会让谷歌损失分毫，但如果谷歌网站瘫痪一天，那就是一场灾难。对 craigslist 来说也同样如此。大多数其他员工的时间都是用在防止欺诈和回应有关滥用的报告上。

关键伙伴

非付费客户（用户）是 craigslist 最重要的关键合作伙伴，因为他们会进行一项关键活动：报告网站的非法使用。请注意，同一组人（本案例中为非付费用户）会在同一个商业模式中同时占据两个不同的模块：在本案例中他们同时占据了客户模块和关键合作伙伴模块。

成本结构

作为一家私人控股公司，craigslist 并无义务披露收入或收益。但它的办公室很普通，员工只有 50 名左右，所以和谷歌、推特等互联网巨头相比，它的成本很低。主要的经常性开支包括员工工资、服务器和电信基础设施费用及办公室租金。由于 craigslist 在行业中的地位及它所承担的慈善项目，它还需要花费大量的法律和专业费用。

理解工作
世界的
方法

不难看出，商业模式画布是一个理解组织运作原理和方式的有用工具。**画布**之所以有用，是因为它展示了组织如何以系统的形式运作。**画布**的力量在于以简单、直观的方式描述这种系统。

遗憾的是，"组织结构图"通常是用来描述某个组织的唯一工具。"组织结构图"可以展示组织结构和从属关系，但是无法解释实际工作是如何完成的，以及组织是如何实际运作的。商业模式画布简化并解释了组织结构图中的"空白"处，即工作是如何完成的。

"简单"和"直观"是其中的关键，因为大多数受过教育的成年人（包括我们在内）都无法掌握形式化的系统理论。这没关系，因为我们很少在工作中用到形式化的系统理论。

但是，我们都可以从基础的**系统思维**中受益，这是一种强大的方法，可以帮我们理解为什么情况是这样的，我们如何做才能让情况变得更好。**画布**是一种简单、有用的方法，可以将任何组织作为一个系统来理解，无论这个组织是你的雇主、客户，还是你自己的企业。这就是为什么最初介绍**画布**的《商业模式新生代》（*Business Model Generation*）一书已经被翻译为 40 种语言，售出数百万册，并被世界上数十万个组织和几乎所有商学院使用。

但究竟什么是系统呢？

我们的系统思维

系统是具有特定目的的，相互依赖并形成复杂、统一整体的一组部件。

并非所有事物都是系统的一部分。要成为系统的一部分，必须具备：①不同元素之间的关系或交互；②有意识地进行设计；③共同目的。[4]

一堆砖

例如，一堆砖就只是一堆砖而已。

但把砖块巧妙地排列，并把它们与其他相关材料结合起来，它们就能形成一个叫作墙的系统。这面墙可以成为房子这个更大系统的一部分，房子这个系统的其他相关元素还包括门、窗、排水沟、管道、电线、绝缘材料等。

人也是一个复杂的系统，其相互依赖的部件包括心脏、肺、大脑、肌肉组织和许多其他子系统。这些部件和子系统共同作用，使一个人能够生存、工作、爱和娱乐。

不过，除了有生命或无生命的物体外，我们还可以从更为广义的角度看待系统。例如，在公交车站排队的人并不是城市交通系统的一部分，但当他们上了公交汽车后，他们就成了城市交通系统的一个元素。

事实上，交通系统就像一个组织，雇用员工并为他们提供工作场所。组织同所有系统一样具有：①共同的目的；②有意识的设计；③不同元素之间的相互联系。

例如，当用画布对雇主建模时，我们就会发现——也许是第一次发现——组织的远大目标、其组成部分的相互依赖性，以及可能是最重要的一点，即我们如何才能融入其中。

将工作场所视为一个系统，可以让我们把自己的工作视为对组织目标的贡献，这些贡献是相互依赖的而不是独立于其他人执行的狭义任务。它使我们能够采用所谓的"外向型关注"：这是下页中要介绍的工作场所满意度的一个关键点。

系统

超前思考很好，外向思考更好

当凯尔·威斯敏斯特（Kyle Westminster）走过一个堆满未装配船只和数千个船用零件的仓库时，他满脑子都是西海岸帆船公司（West Coast Sailing）需要完成的任务和需要解决的问题。西海岸帆船公司是一家快速增长的中小型帆船销售商，他已经在那里担任了六年的运营总监。

但当凯尔走到公司的卡车通道时，他看到那里堆满了工具、空纸箱、塑料包装和帆船零件，这让他不禁头疼起来。他想：**"货物随时会抵达。他们可不能在这么乱的地方卸货。"**

凯尔很快找到了艾伦。艾伦是一名新雇员，刚在卡车停靠站装上了一艘新船。这位年轻人很自豪，因为当天会有一位新客户来提货，他及时把船准备好了。所以凯尔一开口先称赞了他的超前思考为客户满意度做出的贡献。然后凯尔和缓地解释道，在让客户满意的同时，艾伦也制造出了一个问题：马上有货要送到，他却堵住了卡车通道。艾伦没能从更高的角度看到西海岸帆船公司的运作方式。

于是两人迅速开始清理卡车通道，凯尔利用这段时间教艾伦如何练习**"外向型关注"**，这是西海岸帆船公司鼓励员工放眼大局的系统思维口号。凯尔将其与**"内向型关注"**区分开来。

他解释道："内向型关注是指只专注自己的任务，不是说这样做不好，只是这样做还远远不够。外向型关注是指要超越你自己的工作，考虑到在整个流程中自己工作之前和之后的人。"

凯尔在舵柄包装的纸板背衬上画了一个简单的草图，向艾伦展示了那天早上西海岸帆船公司的其他人和其他活动是如何被艾伦的工作所影响的。除了装配船只让客户满意的内向型关注之外，他还指出了重要的**外向型关注事项**：

1. 查看何时会有交货，需要提前把卡车通道腾出来。帆船交付是影响整个公司的关键事项。

2. 立即将工具放回工具架上，方便他人使用，然后清理通道里的剩余零件和碎片。

3. 在零件日志上记录所有从库存中拿出的零件种类和数量，方便采购人员根据需要重新订购。

4. 在供应商日志上记录艾伦在为装配帆船调取零件时发现的不合格夹板。西海岸帆船公司对质量要求很高，十分关注供应商提供产品的质量情况。

凯尔再次对艾伦能够专注于自己的工作并满足客户的期望表示赞赏。然后，他谈到了工作场所之间的相互依赖：艾伦的工作是如何与西海岸帆船公司的其他人及其他活动相联系的，以及它是如何对他们产生影响的。当这位年轻人问到具体如何才能实现外向型关注时，凯尔的回答是在进行任何任务之前，首先问自己两个问题：

1. 我现在做些什么能帮到在我之前和之后工作的人？

2. 我怎样才能协助在我工作之前和之后的流程？

艾伦感谢了他的新导师，继续进行其他任务。当凯尔走向公司展厅时，他的思绪很快回到了未完成的任务清单上，对有前途的新员工进行计划外辅导，耽误了他 30 分钟。但是他想：这半小时是非常值得的，因为从长远来看，艾伦对外向型关注的理解会为我们节省很多很多的时间。

虽然外向型关注适用于每个组织，但是人们不由自主地就会希望直接帮助客户，走不出内向型关注。这就是为什么将"外向型关注"这样的实践工作准则与"商业模式画布"这样的系统思维工具结合起来会如此有效。雇主喜欢通过展示组织结构图来引导新员工，但组织结构图仅仅描述了组织的结构和权力构成。为什么不同时向员工展示商业模式，让他们能对运营有个清晰的了解呢？

现在你了解了外向型关注，那我们来研究另一个帮助了解非商业组织工作方式的强大工具：企（事）业单位服务模式画布（Enterprise Service Model Canvas，本书后文中将其简称为"服务模式画布"）。

我们已经了解到，每个现代组织都具有**商业模式**，无论是显性的还是隐性的，每个组织都必须遵守谋生的逻辑。

服务模式画布使用的逻辑与**商业模式画布**完全相同，但其语言更适合描绘非商业性工作。

例如，政府、医疗保健、教育和其他非商业领域的组织通常不使用财务收益作为衡量其成功的主要标准。因此，在这类组织中工作的专业人员可能不熟悉像"价值主张"这样的商业术语。而事实上，他们可能会抗拒"商业"和"商业模式"这些词中隐含的盈利动机。这些专业人员可能更喜欢使用服务模式。

服务模式
画布

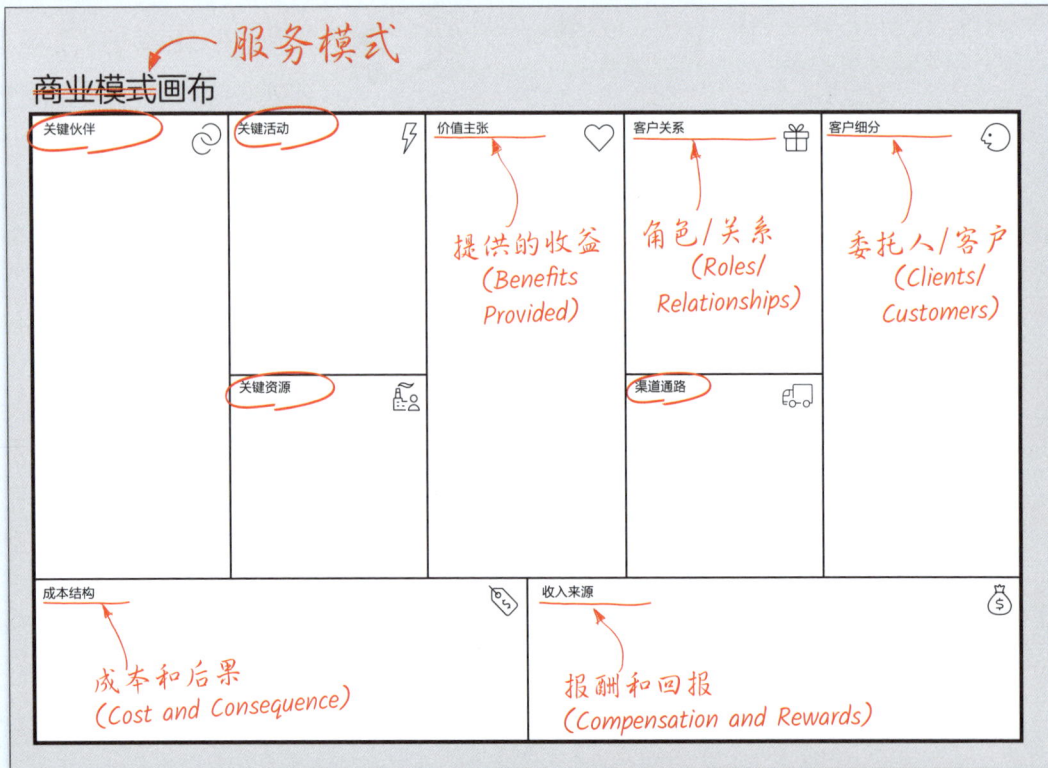

服务模式画布

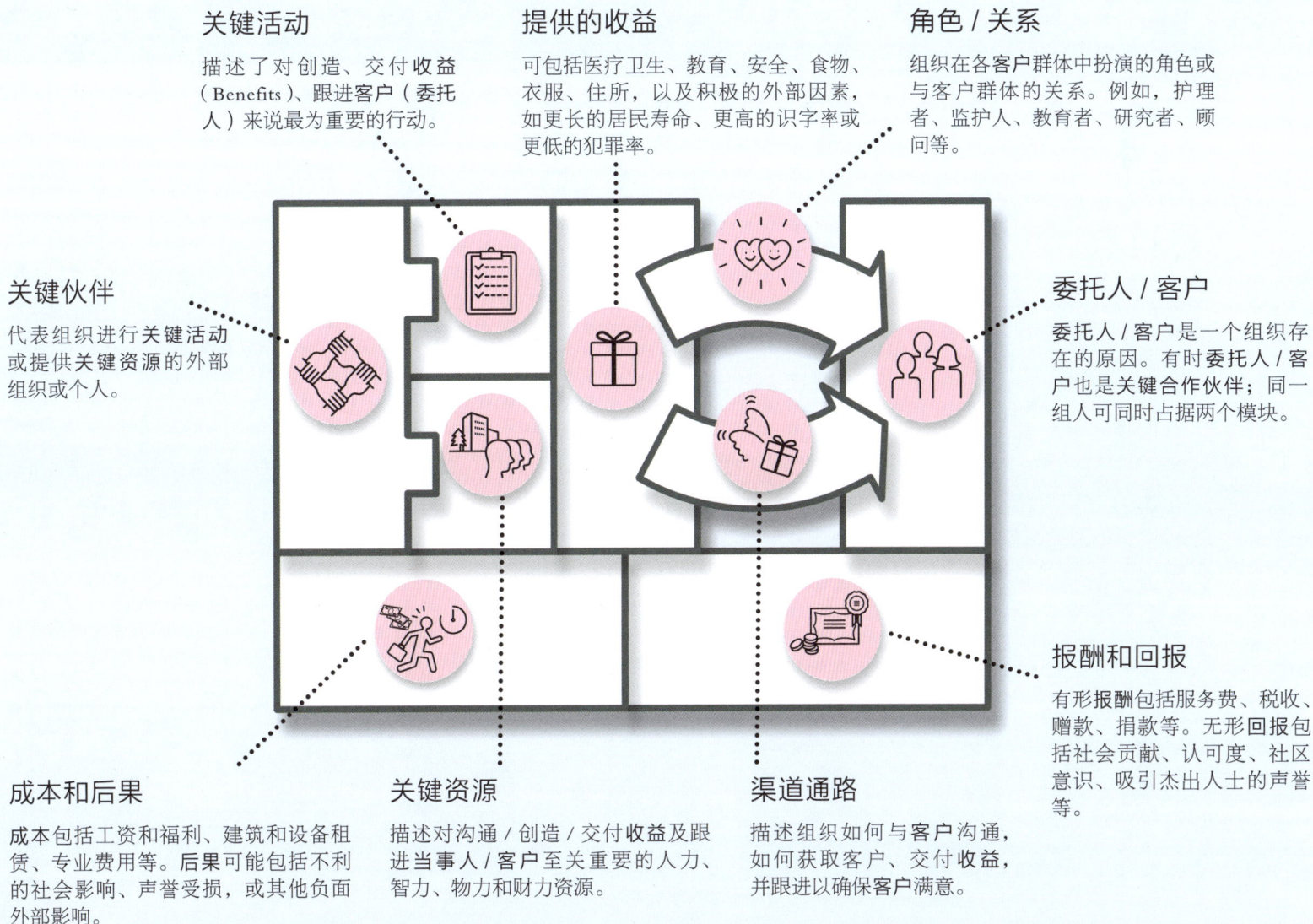

关键活动
描述了对创造、交付**收益**（Benefits）、跟进**客户**（**委托人**）来说最为重要的行动。

提供的收益
可包括医疗卫生、教育、安全、食物、衣服、住所，以及积极的外部因素，如更长的居民寿命、更高的识字率或更低的犯罪率。

角色 / 关系
组织在各**客户**群体中扮演的角色或与客户群体的关系。例如，护理者、监护人、教育者、研究者、顾问等。

关键伙伴
代表组织进行**关键活动**或提供**关键资源**的外部组织或个人。

委托人 / 客户
委托人 / 客户是一个组织存在的原因。有时**委托人 / 客户**也是关键合作伙伴；同一组人可同时占据两个模块。

成本和后果
成本包括工资和福利、建筑和设备租赁、专业费用等。**后果**可能包括不利的社会影响、声誉受损，或其他负面外部影响。

关键资源
描述对沟通 / 创造 / 交付**收益**及跟进**当事人 / 客户**至关重要的人力、智力、物力和财力资源。

渠道通路
描述组织如何与**客户**沟通，如何获取客户、交付**收益**，并跟进以确保**客户**满意。

报酬和回报
有形**报酬**包括服务费、税收、赠款、捐款等。无形**回报**包括社会贡献、认可度、社区意识、吸引杰出人士的声誉等。

服务模式画布

委托人 / 客户

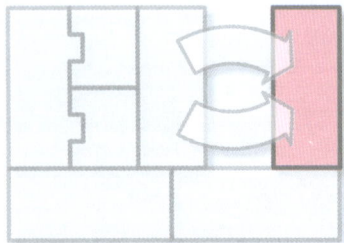

委托人 / 客户是一个组织存在的原因，如果没有付费**客户**，任何组织都无法长期生存。但很多非商业组织并不使用"客户"一词。例如，医院把服务对象称为"患者"，而政府则称他们的服务对象为"纳税人"或"居民"。因此，当绘制你感兴趣的组织的服务模式时，最好把**委托人 / 客户**这个模块的名称改为适合该组织的名称。

要记住，非商业组织通常都会有让组织损失资金的非付费"委托人"（Clients）或"客户"（Customers）。例如，医院可能会出于法律义务而为无力付费的患者提供服务，政府也有可能会出于义务以巨大的代价为不纳税的居民服务。

某些群体是组织的重要**客户**，即便这类人可能并不认为自己是**客户**。例如，一所公立学校可能会将其所处社区的所有居民视为"**客户**"，因为教育有助于创建一个更有凝聚力的社会，这有利于所有人，包括那些没有孩子的人。

外部**客户**是组织服务的"最终用户"，就像学校里的学生或医院中的患者。而内部**客户**则是同一组织内部的同僚或同事。例如，联邦土地使用机构的会计几乎只为该机构的员工服务，而很少与私人居民（外部**客户**）打交道。值得注意的是，中型和大型组织中的大多数员工都是为其内部**客户**而非外部**客户**服务的。

提供的收益

与商业模式中的**价值主张**一样，服务模式中**提供的收益**也是由无形的体验构成的。医疗服务让人们恢复健康，大学教育让人们拥有更高的收入，政府为人们提供安全的城市环境，这些都是积极有益的最终状态，而不是有形的物品。

不要将**关键活动**与收益（Benefits）混淆。要记住：收益来自**关键活动**的巧妙组合，但收益不是**关键活动**本身。

例如，刚才说的患者恢复健康（**收益**）是由诊断和治疗（**关键活动**）实现的；让人们拥有更高的收入（**收益**）是由教学、反馈和指导（**关键活动**）实现的；而安全的城市环境（**收益**）是由治安和基础设施维护（**关键活动**）实现的。

最后，使用"收益"一词而不是"价值"（Value），就是想更好体现服务提供者和**客户**之间的非财务关系。

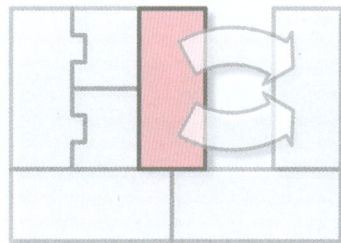

渠道通路

所有组织都是通过**渠道**来获取**客户**并为**客户**服务的。但要记住，**渠道**是一条"双向通路"。优秀的组织在获取**客户**并为**客户**服务后，会转过头来确保**客户**对其提供的服务感到满意，如果**客户**不满意，就会做出改变。

例如，在医疗行业，大多数大型医疗机构都使用普莱斯加尼（Press Ganey）的调查服务来获取患者和自己员工的反馈。根据普莱斯加尼的调查结果，医疗机构会对医疗实践和医疗职业的变迁做出判断。

有时人们会习惯**渠道**的存在却不加以重视。但 2020 年年初新冠病毒感染疫情的发生导致了数百万依赖面对面交流的服务企业的主要渠道瞬间崩溃。数百万的企业不得不采用视频会议作为新的主要渠道，才能与内部**客户**和外部**客户**开展工作。

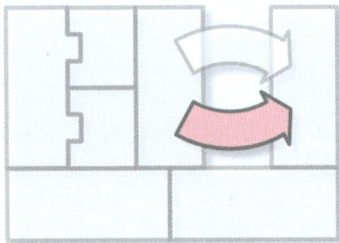

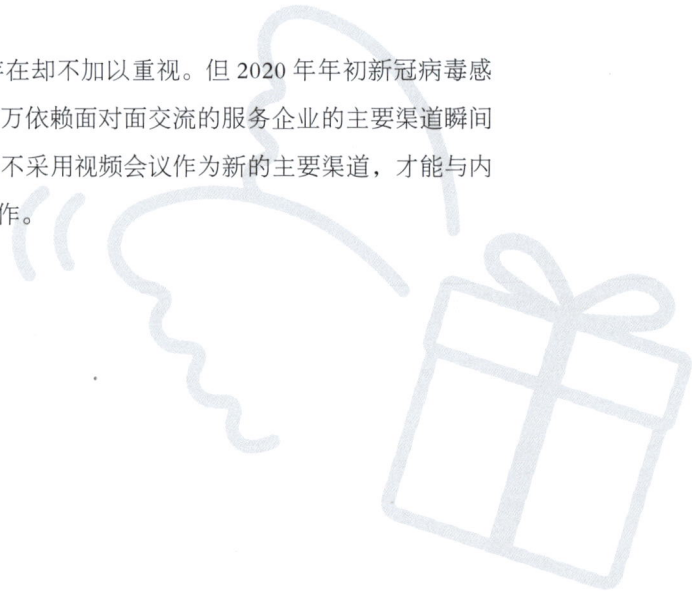

角色／关系

非商业的企（事）业单位与商业企业一样，会扮演不同角色或与不同客户有不同关系。例如，医院可能对患者来说是提供护理和照料的地方，但对医科学生来说却是教学实验室。

同样，政府福利机构可以作为财务支持者为贫困居民服务，也可以作为政策建议来源为其他政府组织服务。

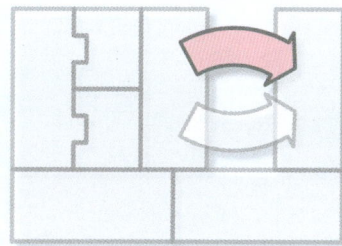

报酬和回报

如今，所有组织都需要资金才能持续经营，在商业组织中，衡量成功的主要标准通常是财务收益，而在非商业组织中，衡量成功的标准通常是非财务性的。例如，政府可以将居民平均寿命或犯罪率作为成功的衡量标准，公立学校可以用阅读成绩和毕业率来衡量教学成果，医院根据患者治疗结果和其他的一些人群健康指标为自己评分。

非财务性**报酬**和**回报**可以同时惠及组织和一些也许并没有意识到组织在为他们服务的第三方，就像公立学校帮助创造了更有凝聚力的社区，而使整个社区受益。这就是一个正外部经济效应的例子：未付费的人因此而获利。

与正外部经济效应相反的是负外部经济效应[5]，如空气污染或水污染：未产生成本的人却要承担成本。负外部经济效应会以**成本和后果**体现。

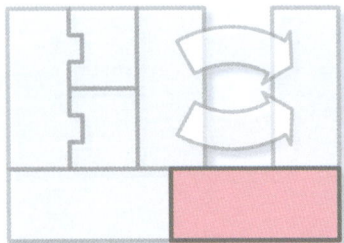

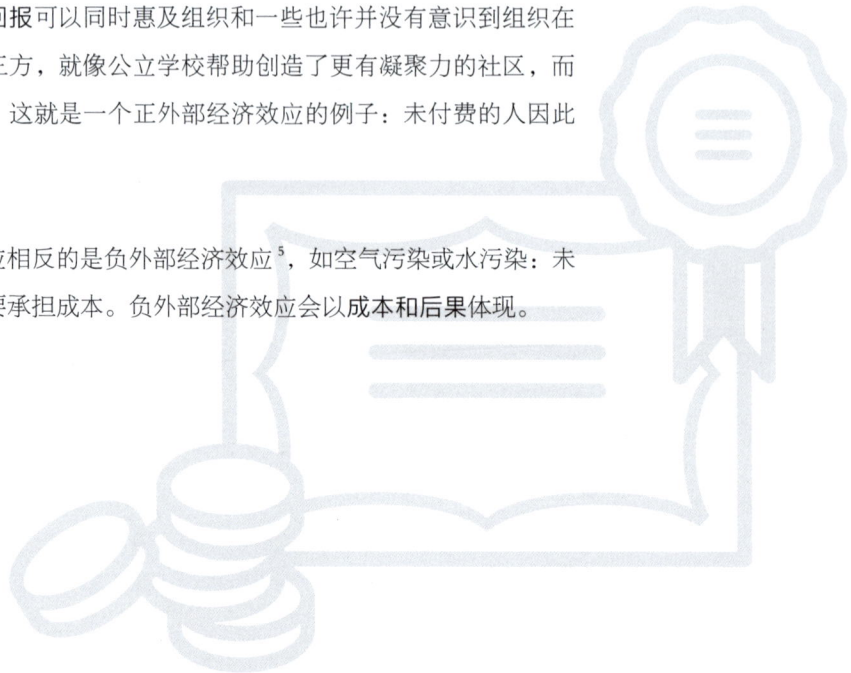

关键资源

关键资源与其他模块一样，在商业和非商业组织中没有多少区别。在绘制组织的服务模式时，请记住，**关键资源**只包括对于为外部**客户**创造和交付收益至关重要的资产。例如，大多数组织都要使用电脑、办公桌和椅子，但这些实物资产对组织的**收益**没有什么直接贡献。同样，大多数大型组织都会雇用行政和人力资源经理，这类岗位虽然是必要的，但是无法为外部**客户**直接提供**收益**。

有个方法可以确定某项资产是否为**关键资源**。问问自己，人们能在公开市场上获得这项资产吗？如果这项资产是品牌、声誉、方法、专利、专有算法或数据库，换句话说，如果是在公开市场上不容易获得或购买的东西，那么它有可能是**关键资源**。如果它是能在公开市场上雇用、租赁或购买的人力资源、空间或物理资产，则它不太可能是**关键资源**。

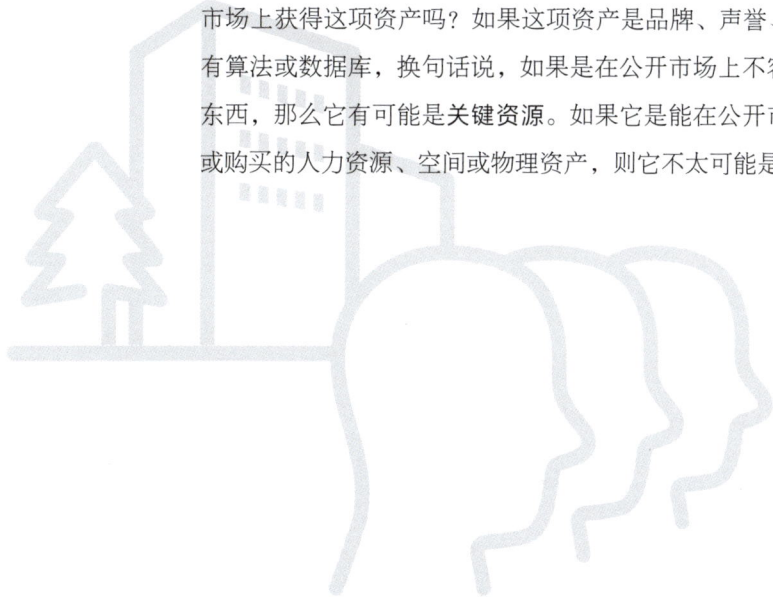

关键活动

关键活动与**关键资源**一样，商业和非商业组织在这方面没有多少区别。**关键活动**只包括对于传递、创造、交付和支持向外部**客户**提供**收益**至关重要的活动。

组织必须开展许多活动才能正常运作：雇用、培训、会计、采购、后勤和行政任务，这些都是必需的活动。但这类活动对于大多数组织来说并不是**关键活动**。

判断某项活动是否为**关键活动**的一个方法就是问自己，这项活动是否直接涉及吸引、获取、服务外部**客户**或为他们提供售后服务？如为否，则它可能不是关键活动。

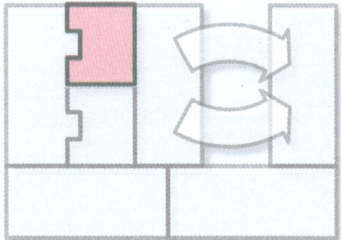

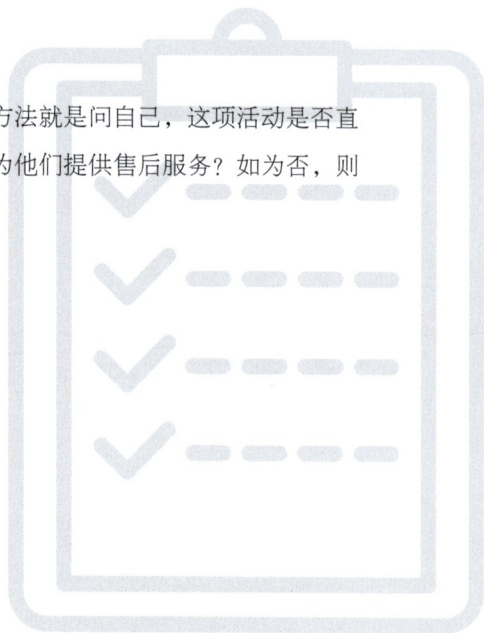

关键伙伴

关键伙伴是指：①进行**关键活动**的人或其他组织；②为组织提供**关键资源**的人或其他组织。

关键伙伴可能包括供应商，但并非所有供应商都是**关键伙伴**。例如，大型政府机构向数以千计的供应商采购，但其中许多供应商都可以被提供类似服务或产品的竞争对手取代。

在商业模式或服务模式中填写**关键伙伴**模块时，要问的关键问题是，对方是否执行**关键活动**或提供**关键资源**？还是说，它可以轻易地被另一家取代？如果它可以轻易地被替换，那么它很可能只是一个供应商的角色而不是**关键伙伴**。

从另一个角度来看：供应商为把组织争取为自己的**客户**而相互竞争，而组织为吸引**关键伙伴**而相互竞争。

服务模式画布

成本和后果

所有组织，无论是商业还是非商业组织，都会产生财务费用。但非商业组织可能更关注其运营的非财务**成本和后果**。例如，负外部经济效果，其例子包括了空气污染和水污染：这给那些本没有选择承担这些成本的人造成了成本。

组织也可能会承受负面的内部后果。例如，在新冠病毒感染疫情期间，许多医疗专业人员都由于空前的工作负担和心理压力而感到疲惫甚至绝望。

最后，从财务角度来看，美国的商业组织和非商业组织，除了税收待遇外，根本没有区别（非营利组织的收入无须纳税，前提是该收入继续投资于该组织）。

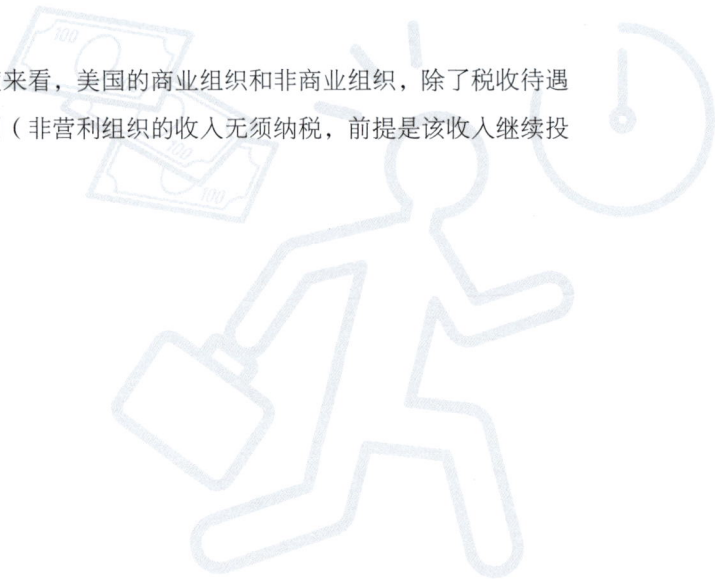

现在，让我们来研究一下俄勒冈健康与科学大学，然后把对服务模式的全新理解付诸行动。

服务模式案例：俄勒冈健康与科学大学

服务模式画布

俄勒冈健康与科学大学

关键伙伴
- 俄勒冈州
- 制药公司
- 小型地区医院
- 调查公司和认证机构

关键活动
- 提供护理
- 培养专业医护人员
- 提供社区服务
- 进行研究

关键资源
- 声誉
- 专利和知识产权
- 高度专业化的员工
- 先进的设施/设备

提供的收益
1. 拯救生命、改善健康
2. 就业技能和知识
3. 新的或改进的产品、方法、服务的能力
4. 没有人会拒绝接受护理

角色/关系
- 医治者
- 教育者
- 发明者与创新者

渠道通路
- 面对面或现场问诊
- 远程医疗
- 网站或电子邮件
- 普莱斯加尼调查

委托人/客户
1. 患者及其家属
2. 医疗保健专业学生
3. 医疗保健研究的使用者
4. 本地居民

成本和后果
- 工资
- 专业服务
- 设施和设备租赁
- 医用物资

报酬和回报
- 患者费用
- 保险账单
- 公共资金
- 学费
- 捐款

俄勒冈健康与科学大学是俄勒冈州唯一的公立健康学术中心。它是一个由遍布俄勒冈州和华盛顿州西南部的医院和诊所组成的系统。作为拥有医学院、护理学院、药学院、牙科学院和公共卫生学院的高等教育机构，该大学拥有一个校园和临床合作伙伴网络，可为患者提供直接护理。俄勒冈健康与科学大学还是一个国家级研究中心，有数千名科学家正在开发挽救生命的治疗方法，深入研究疾病及其疗法。俄勒冈健康与科学大学是一个多元化的服务组织，员工超过 18 000 人。

委托人 / 客户

该机构的复杂性反映在其**委托人 / 客户**群体的多样性上。要注意，这四个**客户**群体是按优先顺序排列编号的，该机构会以此为他们提供相应收益。这说明了一个模式原则，即必须对每个客户群体提供不同而独立的**收益**。

提供的收益

虽然俄勒冈健康与科学大学是一家医疗机构，但它提供的不仅是拯救生命的直接护理。学生期望获得教育和职业价值；州和地方社区期望建立公共卫生伙伴关系；制药和医疗科技行业依赖俄勒冈健康与科学大学的研究，使它们能够在药品、器械和疗法的商业市场上被用于发明和创新。

渠道通路

为了尽可能改善更多人的医疗卫生状况，俄勒冈健康与科学大学用多种渠道来提升认识和提供服务，并通过对员工、患者及其家属的调查，获取服务后反馈；通过公开听证会、电子反馈和**关键伙伴**进行的机构调查获取社区反馈。

角色 / 关系

通过其作为医治者、教育者和研究者的多重角色，俄勒冈健康与科学大学在机构内部和社区中维持着一个复杂的合作关系网。客户关系从持续和深入的个人关系到自动化和事务性的交易关系，包括短期和长期合同。

报酬和回报

报酬来源有的可靠，有的则难以预测。例如，新冠病毒感染疫情使俄勒冈健康与科学大学无法从事先前报酬优厚的服务工作，但政府的研究拨款却没有中断。此外，俄勒冈健康与科学大学还获得了为全州人口健康做出贡献的满足感，并由此赢得了卓越的声誉。

关键资源

关键资源，如训练有素的专业人员和先进的科学和医疗设备，这导致了俄勒冈健康与科学大学的运营成本很高。与众多商业和非商业组织相比，这些资源是非常难以获得或替代的。

关键活动

注意，俄勒冈健康与科学大学的每项关键活动都与相应的**收益**对应，而这些收益又与相应的**客户群体**对应。在其他服务组织中，某些**关键活动**可能会对应一个以上的**客户**或收益。

关键伙伴

合作伙伴包括公共机构、商业机构和非营利机构。注意，某些制药公司可能既是**关键伙伴**又是**客户**。这说明了一个原则，即同一个人或组织可以同时在一个模式中占据多个模块。

成本和后果

工资在任何组织中通常都是最大的成本，俄勒冈健康与科学大学也不例外。俄勒冈健康与科学大学还有大量固定的和可变的设施和设备成本。人口快速老龄化与医疗保健需求不断增长都推动了这些成本以高于通货膨胀的速度上升。

接下来你要做的

是时候把你学到的东西转化成行动了。既然现在你已经具备了全局观，那就尝试绘制你感兴趣组织的商业／服务模式吧。你可以用它描绘你的雇主、你想为之工作的公司或者潜在客户。

1. 绘制或打印画布，也可以在电脑或平板电脑上打开画布文件。

2. 把空白便签贴在画布上的各个模块中。

3. 在便签上写下每个模块的说明。

服务模式画布

关键伙伴

关键活动

提供的收益

角色/关系

委托人/客户

关键资源

渠道通路

成本和后果

报酬和回报

接下来，问问自己下列问题

1 这个组织是否需要解决什么具体问题（Problems）？你具备解决这些问题的技能、愿望和经验吗？

2 你是否拥有这个组织需要的技能、知识或关系来更好地参与竞争或实现组织利益？

3 这个组织是否存在什么潜在事件（Issues）？所谓事件就是在成为问题之前就应该被解决掉的事情。

4 哪些趋势正在影响这个组织？你能帮助这个组织利用这些趋势吗？

现在，是时候采用你所熟悉的一人企业（就是你自己）的商业模式来进一步"行为化"你的知识了！下一章的重点就是你！

第 3 章

接下来，画出你是如何工作的

工作模式
画布

画布的逻辑既可以描述你个人的工作模式，也适用于描述组织的商业或服务模式。不过，这两者之间还是有一些区别的：

· 在组织中，**关键资源**模块可以包含各种资产，如品牌、专利、独特的方法论、房地产、专业设备，等等。但在工作模式中，最重要的**关键资源**就是你自己：你的兴趣、技能和能力、个性，以及你拥有或掌握的有形或无形资产。
· 传统的组织商业模式只描述了货币成本和收益，但工作模式考虑的是无法量化的"软"性成本或后果（如压力或不够灵活）及"软"性报酬和回报（如灵活性或职业发展）。

在绘制你的工作模式时，下一页的模块描述可以帮助你。

工作 (Work) → 模式画布

关键伙伴	关键活动	提供的收益	角色/关系	委托人/客户

谁帮助你
(Who helps you)

你做什么
(What you do)

你提供的收益
(Benefits you offer)

你帮助谁
(Who you help)

关键资源

你是谁
(Who you are)

渠道通路

他们如何认识你
以及你如何交付
(How they know you,
and how you deliver)

成本和后果

报酬和回报

你的第一个工作模式：开始绘制吧！

本章是你的工作模式成形的起点！拿出纸、记号笔和便签吧，或使用 Mural、Miro、Google Jamboard、PowerPoint 或 Keynote 等数字工具。

有一点要记住：建立自己的第一个工作模式时，你要把自己限制在为生计而从事的当前专业工作上。用图表清楚、准确地描述"现状"工作模式（As-is Work Model）可为后续的进展奠定坚实基础。

我们建议的流程如下：

1. 绘制、打印或在屏幕上打开工作模式画布文件。
2. 使用便签。
3. 以后面几页中的解释和示例为指导，在注释中描述模块元素。

先从你感兴趣的模块开始。例如，如果你很了解客户或渠道，那就先从这些模块开始。否则，我们建议你按照后面几页示例中的顺序来绘制。

绘制模式的最好方法是迅速地"先涂上几笔"。跟着你的直觉走，不要想太多，避免自省，与其在第一次尝试时就把你的模式做得"尽善尽美"，不如先快速打一个草稿，然后再进行修改。

使用便签的意义在于你可以轻松地把它们移动、修改或丢弃，以便采取迭代的设计方法：一次次地开始，重新做你的模式（不断地重复）。不要对最初的想法过于执着，从头开始往往比纠结于你已拥有的东西更快、更有效率。让便签提醒你，模式必须改变！

工作模式画布

谁帮助你 （关键伙伴）	你做什么 （关键活动）	你提供的收益 （价值主张）	角色和关系 （客户关系）	你帮助谁 （客户）

卡玛拉

伊马尼

伯尼斯

伊莎贝尔

你是谁（关键资源）

安娜贝尔

他们如何认识你以及你如何交付（渠道通路）

埃莉萨

这些重塑者会帮你完成各个模块

成本和后果（成本）

马克

报酬和回报（收入）

杰特

你做什么（关键活动）

你的模式中最容易定义的部分就是"你做什么"，即你每天在工作中进行的最重要的活动，所以这是一个很好的起点。

首先描述一下哪些活动能让你从工作中获得报酬。在你的画布上描述真正重要的、让你的职业与众不同的活动，而不是你进行的所有任务（忽略行政任务）。例如，我们大多数人都会经常阅读和回复电子邮件、消息或短信，但这些都不是我们能获得报酬的主要原因。不过，如果你是客服代表，回复此类信息可能确实是关键活动，也就是你获得报酬的核心原因。

描述"你做什么"要简明扼要，四五个词就够了，最好用一两个词描述。

描述关键活动要用动词。如果销售是你的主要工作，那就写**售卖**（sell），不要写**销售**（名词 sales）。如果开发软件是你的主要工作，那就写**开发软件**（develop software），不要写**软件开发**（software development），使用平实而简短的动词，而不是名词形式。

你的工作可能只包含两三个**关键活动**，也可能包括五六个。首先，直接列出你能想到的所有活动，然后在模式设计的过程中删除不太重要的活动。

什么才是真正重要的?

伊马尼

伊马尼取得注册会计师证书后,她不顾朋友们的建议,在一家不起眼的精密金属零部件制造商那里找到了一份工作。这家公司销售额达数十亿美元,拥有 3 万名员工。

当伊马尼发现她的新员工入职培训侧重于讲商业模式而不是组织结构图时,她意识到自己选择了正确的公司。她的老板丽贝卡在为她做三个月评估时,向她介绍了工作模式的概念。丽贝卡让伊马尼从"关键活动"开始,描绘自己的工作模式。

伊马尼在这些蓝色便签上写下:

· 查看电子邮件

· 将Excel数据导入SAP

· 生成每月异常报告

· 参加会议

· 更新销售、费用预测

"开头不错,"丽贝卡说,"如果要你从这些工作中选一个最重要的,你会选哪个?"

伊马尼想了一会儿,她说,"制作每月收支异常报告",她指的是一份显示实际结果与预算销售和支出之间重大差异的文件:"雇我们来不是为了参加会议和查收电子邮件的!"

"我同意,"丽贝卡说,"现在,利用外向关注思考一下,是谁在使用这些异常报告,他们如何使用?"

伊马尼又想了一会儿,"我们地区的首席财务官,"她慢慢说道,"我觉得他会用这些指标来判断市场风险或生产问题。"

"很好,"丽贝卡说,"所以,我希望你在你的模式中加入一个新的关键活动,编写标注报告,识别出异常报告中的差异并作出注解。"

"没问题,"伊马尼说,"也许我可以在角色和关系里面放一个新的便签:风险控制员!"

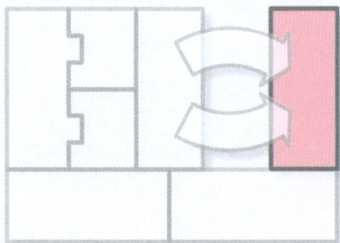

你帮助谁（客户）

接下来，在你的模式中加入要帮助的对象，即客户。回想一下，**客户**是为获得收益而付费的人（或是免费获得收益并由付费**客户**补贴的人）。

客户分两种：组织外部的**外部客户**和组织内部的**内部客户**，后者包括主管、同事或其他部门的团队成员。

如果你是自由职业者（Self-employed），或从事销售或客服工作，你可能会直接与**外部客户**打交道。但大多数受雇于大型组织的人主要是与**内部客户**打交道。

你最重要的**客户**就是你工作的组织，所以，请在"你帮助谁"的模块中写上你的组织的名称。如果是你的老板或主管授权组织给你发工资，你也可以把他们的名字写在这里。

接下来想想，还有谁依赖你或从你的工作中受益？这些人可能不是直接给你发工资的人，但你的整体工作表现，也就是你能持续获得报酬的原因，取决于你为特定同事"服务"得如何。

例如，如果你是计算机或技术支持团队的一员，你肯定明白内部**客户**意味着什么。组织内部是否还有其他个人或团体可以视作你的**客户**？关键项目的负责人或他们的团队成员是不是客户？如果是，就写下他们的名字。

接下来，考虑一下与你所在组织相关的其他各方。谁会购买或使用你所在组织的服务或产品？你是否直接与他们打交道？即使你不直接跟他们打交道，也可以把他们当成你的**客户**。

你是否与你所在组织的**关键合作伙伴**打过交道？也许可以把他们放到你的**客户**名单里。最后，考虑一下你的工作所服务的更大的社区。这个社区可以是街区或城市，也可以是因共同的商业、职业或社会利益而聚到一起的人群。

最大的客户

伊莎贝尔在不同的技术领域拥有超过 20 年的多元化工作经验，她是一位经验丰富的专业人士，在企业软件开发商 SAP 担任业务发展专家，为销售人员提供战略和后勤支持。这些销售人员会与现有或潜在的 SAP 的客户直接打交道。

多年来，伊莎贝尔对销售人员在个人和专业层面的辅导越来越感兴趣，于是她参加了一次工作模式培训课。

在她设计的第一份工作模式中，她将销售人员、解决方案开发人员和其他几个内部同事列在了"客户"模块中。在向培训主持人展示这个现状模式后，主持人问了一个简单的问题，这让她一时语塞。

"谁给你发工资？"

伊莎贝尔微笑着回忆起这一刻。"在大型组织里连续工作多年，有时会让你忽略了基本的东西。我得记住，我的雇主 SAP 是我的头号客户，同时也是最重要的客户。"

伊莎贝尔

你提供的收益（价值主张）

现在我们来定义你为**客户**提供的**收益**：客户通过你的工作而享受到的积极体验或最终结果。如前所述，这是考虑职业生涯时最重要的要素。

定义你提供的收益的一个好方法是先问自己："目前**客户**'雇用'我做什么'工作'？我做这项工作能给**客户**带来什么收益？"

如我们之前所见，Kumon 教育为**客户**提供的**收益**不在于提供实际的教学指导行为，而在于拓展学生自律性，并让学生利用这一优势取得学业上的成功。家长们"雇用"Kumon 教育是为了帮孩子变得更自律，在学业上更成功。

"收益"是**有益的最终结果或无形体验**（比如自律且学业有成的孩子），它是通过关键资源（Kumon 教育的专有方法）的合理配置与关键活动（指导）的良好执行相结合实现的。

再次提醒，"收益"不同于"**关键活动**"。理解**关键活动**如何最终产生**收益**是定义或重塑工作模式时的核心挑战。

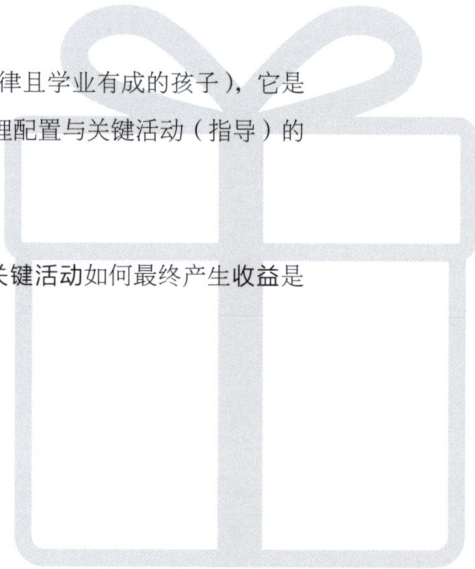

活动 ≠ 收益

伯尼斯

伯尼斯是一名 38 岁的心脏重症监护护士，她对自己的工作了如指掌。她每天都会冷静地处理那些让大多数人惊慌失措的医疗事件。

但在最近一次谈话中，当问及她为来医院看病的人带来的收益时，她竟毫无头绪。直到她参加了一次关于工作建模的培训课。

"我从培训中了解到，患者认为我提供的收益只是安抚他们，而不是耗费我大部分精力的临床工作，"她说，"回想起来，我发现从来没有患者对我说过，'伯尼斯，我喜欢你监控我心律失常的方式'，或是'伯尼斯，你给我抽血抽得非常棒'，但他们经常会说，'伯尼斯，你为我和我的家人带来了安慰'。"

"在我学到'外向关注'之后，那些关于家人感受的评论在我的脑海中显得尤为突出。"伯尼斯说，"它使我认识到，我不仅是在照顾患者，也是在照顾患者的家人。"

伯尼斯现在正在参加一门关于患者咨询和情商的课程。她说："现在我懂了，我对患者说的话可能要比我执行的一些临床任务对他们的整体健康影响更大。"

当你能够清晰定义谁是你要帮助的人，以及你要为客户提供什么收益时，就已经完成了绘制工作模式所需的大部分工作。接下来是：

他们如何认识你以及你如何交付(渠道通路)

这个模块包含了营销流程的五个阶段。这五个阶段最好用问题的形式来描述：

1. 认知：潜在客户是如何认识你的？
2. 评估：他们是如何决策的？
3. 购买：他们怎么购买？
4. 交付：你如何交付客户购买的产品或服务？
5. 售后：你如何跟进以确保客户满意？

定义你交付给客户所购产品的渠道非常简单：你可以当面服务、提交书面报告、上传代码到开发服务器、做演示报告、交付商品，等等。

但正如这五个阶段的流程所示，还有其他更有趣、更重要的渠道阶段，包括潜在客户如何认识你以及你提供的收益。

他们会主动去了解你，还是通过口碑了解？是通过你做的报告、你写的文章，还是通过网站或博客？是通过冷淡或热情的销售电话，还是

通过电子邮件、在线论坛或者广告？潜在客户希望通过哪个渠道了解你？

在某个组织长期工作的员工会面临一个常见的渠道问题：他们只为一个内部客户提供服务，却没有培育其他潜在内部客户的意识。然而，当市场变化或者公司重组时，他们会突然发现自己失去了内部客户，甚至失去了工作。

为什么渠道对工作模式至关重要：①你得先定义收益才能传递收益；②你得传递收益才能售出收益；③你得售出收益才能获得收益的报酬。你会从第7章进一步了解如何传递你的收益和塑造你的品牌。

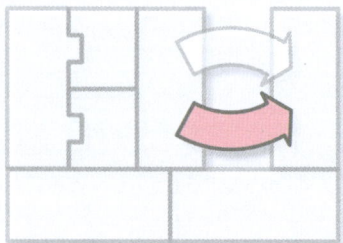

更换渠道

埃莉萨的生物化学和心理学双学位使她成为一家生物技术初创公司的理想雇员。她在那里为新招募的技术岗位员工做产品和质量培训。她喜欢学习新的配方，研究新的药物，她对产品知识的掌握是毋庸置疑的。但在市场快速增长三年后，她的工作场所发生了突然而剧烈的变化。

她的公司被一家医疗器械制造商收购了，员工数量一下子翻了一番还多。这就产生了对领导力培养的迫切需求，因为合并后的公司规模更大、更复杂，需要更正规的管理技能。

"我意识到我的培训职能主要是面向技术专业人员，"埃莉萨回忆道，"只有化学家和技术人员认识我。"

埃莉萨意识到，对于规模更大、形式更多样化的潜在内部客户群，尤其是新上任的经理及其老板，她就像个隐形人。因此，她重新审视了她的工作模式中的"渠道"模块。

"我必须得解决两个渠道问题。首先是认知度：我怎样才能让新上任的经理和他们的老板了解我的培训服务呢？其次是评价：我怎样才能让他们来评估我和我提供的培训、我获得其他培训资源的能力？如果想让公司合并后的新人认识我，我需要开展一次内部营销活动，并建立不同以往的渠道。"

埃莉萨创建了一个在线产品培训课程和一个内部的培训服务网站和新闻简报，然后踏出了大胆的一步。她获得了参加新任经理会议的机会，然后做了一个关于内部培训服务的简短演示。这为她带来了新客户：一个部门想让她对销售人员进行产品培训。

但参加经理会议让埃莉萨有了另一个有价值的想法："他们问了一些难以回答的问题，这也让我开始重新审视我的关键资源，我需要积累我的管理培训知识。我不能再跟实验室的人待在一块了。"

埃莉萨

角色和关系（客户关系）

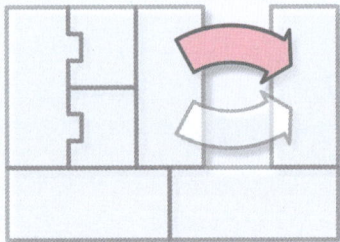

角色和关系模块描述了你在**客户**那里所扮演的角色。你是如何定义自己对于**客户**的角色的？你是咨询师？主管？专家？医师？研究员？顾问？辅导员？测试员？给你所扮演的角色起一个描述性的名称，有助于明确你为特定**客户**提供的**收益**。

请记住，你在与不同**客户**打交道时可能会扮演不同角色。更重要的是，这些角色不仅是由你定义的，也是由**客户**定义的。有些**客户**可能会把你视作一个讨厌的角色，即便是令客户讨厌的角色也要放到你的模式中！

要从两个方面考虑角色：①它包含了社会预期的行为模式；②它传达了关于你在团队或组织中的地位的重要信息。

它还描述了你与**客户**打交道的方式。你是否提供面对面的个人服务？还是说，你们的关系更偏向于"放手"型，你主要通过电子邮件或其他远程通信来服务客户？你们的关系属于单次交易还是持续服务？你是专注于扩大你的**客户群**（获取）还是使现有**客户**满意（保留）？

客户不同，角色也不同

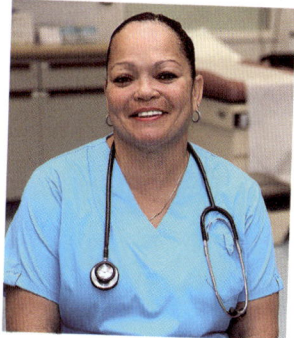

伯尼斯

护士伯尼斯描述了她对收益的看法，她说："患者认为我为他们提供的收益是安慰，而不是占据我很多精力的临床任务。"

医院的另一个变化也使伯尼斯开始重新思考角色和关系。

"我一直以为我的角色是'护理者'，照顾病人的身体与心理。但是，当护士长让我在一位同事休产假时担任三个月的倒班楼层主管之后，我的角色就完全变了。

"突然间，我有了一个新的客户——护士长，以及一个新的角色——'主管'。我必须安排值班表，检查和提交文件，管理其他护士，同时还要承担一些护理职责。我不喜欢这样，但它让我明白了服务不同的客户时需要扮演不同的角色。"

伯尼斯在新冠病毒感染疫情发生之前，转回了她的全职护理角色。

她说道："疫情开始之后，我发现自己正处于患者和他们家人的生活发生改变的重要时刻，我想给他们提供一些心理上的安慰。"

"这意味着我必须根据实际情况扮演不同的角色。我当过治疗师、精神导师、啦啦队长、安慰者、讲故事的人等众多角色。有时患者认为我就像个牢房看守，而有时患者认为我是解救者！"

这段经历给了伯尼斯另外两个感悟。

"我必须根据患者及其家人的需要不断转换角色，这让我更加注重培养自己的适应能力。当患者生气或沮丧时，陪伴他们的并不是我，而是我所扮演的角色。我开始更多地考虑我工作的成本和后果，并开始把我自己的治疗师看作比以往更重要的关键合作伙伴。"

工作模式画布

谁帮助你（关键伙伴）

你的**关键伙伴**是支持你并帮助你成功完成工作的专业人士。关键伙伴提供你成功执行某些**关键活动**所需的**关键资源**，他们本身可能也会开展对你的模式来说至关重要的**关键活动**。他们还可能为你提供必要的动力、建议或成长机会。

关键伙伴可以是工作场所的主管、同事、导师或你职业圈中的成员，也可以是家人、朋友或咨询顾问。请记住：同一个人，比如你的老板，可以同时在你的工作模式中占据两个不同的模块。

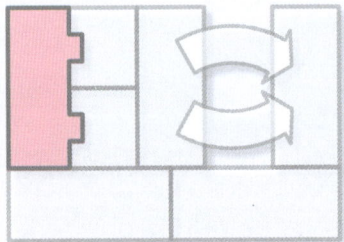

但要注意**关键伙伴**中的"关键"一词。列出太多帮助你的人或组织会削弱你对模式中真正关键因素的关注，所以请只列出对完成工作至关重要的各方。例如，如果你运营一条生产线，就不太可能把公司的法律部门列为**关键伙伴**。但是，供应链经理可能就会对你所**提供收益**的交付至关重要。

现在就列出**谁帮助你**。如果你想不出这个模块里应该有谁，那就去寻求帮助：没有人能够只靠自己就取得成功。

作为合作伙伴的客户

卡玛拉露出了满意的笑容。经过二十多年的努力，她终于被提升为数字服务公司（Digital Services, Inc.）的首席执行官，这是一家为银行和私募股权公司提供网站设计和管理服务的公司。

卡玛拉本能地知道这个首席执行官的新角色需要更多的"外向关注"，所以她找来了最近受过工作建模培训的人力资源总监罗伯托。

罗伯托办公室的墙上钉着一张大画布，卡玛拉在上面画出了她的工作模式。

客户部分很容易，她很快就在第一张便签上写上了"数字服务公司""银行"和"私募股权公司"。等写到关键伙伴这里时，她犹豫了，因为她在考虑河畔金融（Riverside Financial）这个大客户在她的新模式中的作用。

卡玛拉想起河畔金融曾在互联网泡沫破裂时和 2008 年金融危机时，为数字服务公司提供了救命的过渡贷款。正是因为这种"救命之恩"的关系，河畔金融在数字服务公司的董事会中获得了一个代表席位。

卡玛拉

"罗伯托，我很迷惑。河畔金融对我们的财务需求来说至关重要，而且他们还是我们董事会值得信赖的顾问。所以，我是打算将他们列为关键伙伴。但他们已经在我的客户模块里了，而我又觉得可以把他们列为关键资源。到底应该把河畔金融放哪个模块里呢？"

这个熟悉的困境让罗伯托笑了："卡玛拉，同一个人或同一组织可以同时占据多个模块，没关系。哪些模块更适合用来描述河畔金融？"

卡玛拉想了一会儿："他们肯定是客户，因为我们为他们服务，他们付钱给我们。他们明显也是关键伙伴，因为他们提供融资，并且作为董事会成员提供重要建议。"她皱起了眉头："但我不确定他们是否属于关键资源。"

"想想关键伙伴的定义，"罗伯托说，"关键伙伴要么开展关键活动，要么提供关键资源。河畔金融为你提供了关键资源，但他们本身并不是你模式中的关键资源，因为你既不拥有他们的资源，也不能控制他们。"

卡玛拉的脸上慢慢露出了笑容："这个模式阐明了复杂的关系。"

报酬和回报（收入）

这个模块首先描述的是"硬性"**报酬**，如工资、承包商或专业人员的费用，以及股票期权、特许权使用费和任何其他现金款项，然后是"硬性"福利，如医疗保险、退休金、育儿补贴和学费补助。

接下来，描述"软性"**回报**，包括职业发展、灵活的工作时间或地点、社会赞誉、社会贡献、满意度、愉悦度或工作单位的员工归属感。这些"软性"回报有时很难被定义或描述。然而许多专业人士已经意识到，所谓的软性回报往往要比硬性报酬更为重要。

例如，很少有人会对每个月拿工资产生强烈的情绪反应：因为拿工资是对业绩达标的标准式肯定。

相比之下，人们可能会对他们的组织搬迁到新的城市，或是要求新的最低"坐班"时间的公告做出反应。在家工作的灵活性、短时间通勤或高质量的当地生活所带来的软性回报确实很高。

如果你是个管理者，那在当下就应该意识到，光靠补贴家用式的加薪来激励下属是不够的，而且这样的激励也不太可能成为留住优秀员工的决定性因素。

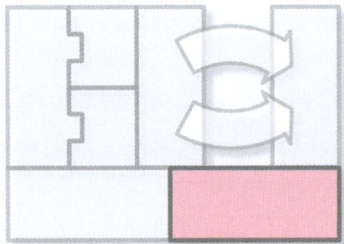

第三种货币

杰特·巴伦德雷格特在普华永道会计师事务所的一处欧洲分公司担任高级合伙人的行政助理。这个工作不好做，她每天单程通勤都要至少一小时。不过，杰特却说："我还是从完成工作和帮别人减轻负担中获得了乐趣。"

随着公司业务的增长，普华永道增加了与杰特职能类似的岗位。但是员工流失率很高，杰特发现自己一直在培训新员工，而且承担了更多的责任。十年过去了，杰特已经成为公司不可或缺的一员，但她感到自己来之不易的经验和她所提供的价值并没有得到应有的重视。

当她的老板宣布改变办公地点，使她的通勤时间大幅加长时，杰特觉得是时候重塑她的工作模式了。

她离开普华永道，创建了一项虚拟个人助理服务，通过电子邮件、电话、微软 Teams、Zoom 和云端工具为客户提供服务。她的关键创新在收入和收益模块上：她用每月订阅费代替了她的工资。她的浮动费用不是按小时计算，而是反映了杰特为客户提供的不同级别服务。

不到一年的时间，杰特就彻底远离了通勤，有了更多时间照顾孩子和处理其他事务，收入也超过了她领取工资时的水平。杰特说："人们说生活中有两种货币：时间和金钱，而我认为还有第三种：灵活性！"

杰特

成本和后果（成本）

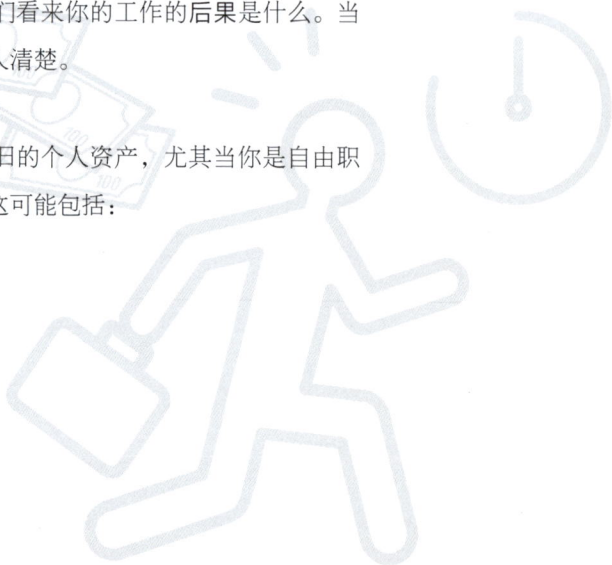

你为工作付出的就是**成本**：主要包括时间和精力。**成本**也包括了以下情形所带来的压力或不满：你必须去做令你不愉快的**关键活动**，对你来说很重要的某些**关键资源**却无法使用，以及工作超时或出差、不灵活的工作时间或地点、缺乏认可或社会贡献等。你所做的工作，要付出什么"成本"？列出你的工作模式中最高的成本。

你的工作模式中的**后果**可能包括健康质量下降、士气低落、心理焦虑、个人生活或家庭关系受影响，以及因雇主造成的负面外部影响而导致个人声誉受损。描述一下你的工作带来的最大负面**后果**。如果想不出什么，那就和你的伴侣或室友谈谈，请他们描述一下，在他们看来你的工作的**后果**是什么。当我们离某个东西太近时，反倒看得没有旁人清楚。

你也可能在工作中使用了自己的现金或折旧的个人资产，尤其当你是自由职业者时。列出未能补偿的重大硬性成本，这可能包括：

· 工作场所租金。

· 通信、水电或交通费用。

· 培训费或订阅费。

· 通勤、差旅或社交费用。

· 车辆、工具或特殊服装费用。

工作的代价是什么？

马克

"当马克·德金格走进我的办公室时，他的表情就像霓虹灯广告牌一样在说，他找错了工作。"职业顾问弗兰·莫加说，"他很痛苦。他有着六位数的薪水，一栋山上的漂亮房子，还有一艘停在海湾里的豪华游艇，但他每天都要给自己拼命鼓劲才能迈出房门去工作。他要花两小时吃午饭、打高尔夫球，这样才能忍受下午的工作。

"他在一家非常注重收益的广告公司工作，公司里有大堆的压力和办公室政治。而且他身体不好，后背有问题，他明明比我年轻，看起来却比我更老。

"最大的问题在于他很能干，但工作却带来了实际的价值冲突。无论怎么看，他都算是成功人士了，但他想要的是为更崇高的目标做出贡献的感觉。

"所以，有一天我问他：'你现在这样是为了什么？你有没有想过你付出了什么代价？'他没说话就离开了。但是在下一次会面时，他说：'现在我明白你说的是什么意思了。我在人际关系、健康和生活乐趣方面都付出了代价。'

"马克来参加我们最后一次会面时，他还没开口，我就知道情况好多了。他更放松了，他的举止也变了：一切都不同了。

"'最近还好吗？'我问道，'棒极了！'马克说。

"他辞职了，然后和妻子商定了要过减法生活。他在一家为弱势群体和残障人士提供培训的非营利公司找了一份工作。工资要比之前少很多，但他很快乐。"

你是谁（关键资源）

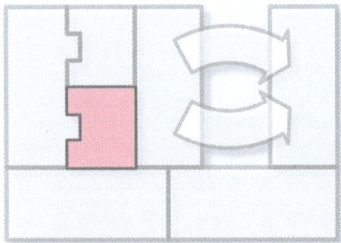

组织可以吸引和部署大量的智力、人力、财力和物力资源，如专利、商标、专有方法、训练有素的专家、现金、房地产、先进设备，等等。但是作为个人，我们的"资源"有限，必须依靠自己。你的**关键资源**包括你是谁：①你的兴趣；②你的能力和技能；③你的个性，以及你所拥有的知识、经验、私人的和职场的人脉，再加上你拥有或掌握的任何有形或无形的资产和资源。

你的兴趣点，也就是什么事情让你兴奋——可能是你最宝贵的资源。因为兴趣能够驱动职业满意度。确定你的兴趣点的方法之一就是描述你工作中最让你兴奋的地方。试一下，然后在"你是谁"模块中列出你最大的兴趣。

然后是能力和技能。能力是你与生俱来的天赋，是你可以轻而易举做到的事情。列出具体内容，比如空间推理、同理心强或机械能力。而另一方面，技能则是后天习得的才能，是你通过实践和学习而变得更擅长的事情。列出具体内容，如护理、财务分析、建筑施工或计算机编程。

是个性塑造了**你是谁**。写下一些个性的描述词，如情商比较高、勤奋、外向、冷静、镇定、体贴周到、精力充沛、注重细节，等等。

当然，**你是谁**不仅包括了兴趣点、能力、技能和个性，还包括了价值观、智慧、幽默感、教育、目标等。不过现在，我们接着讨论你所拥有的东西。你拥有的东西包括有形资产和无形资产。例如，如果你有广泛的职业人脉网络，就写下人脉广泛。同样，你还可以写下行业经验丰富、专业声誉很高、在特定领域具有思想领导力，或是著有出版物或拥有其他知识产权等。

最后，写下你所拥有的对工作来说必不可少或可能有用的有形资产，比如车辆、工具、特殊服装、可投资于事业的金钱，等等。

你就是资源

安娜贝尔

安娜贝尔·斯林格兰博士专门从事儿童糖尿病的治疗和研究。这些小患者经常被告知这不能做那不能做，这里危险那里危险，但安娜贝尔坚信应该给这些小患者更多的支持。

为了宣传她的信念，安娜贝尔为糖尿病儿童组织了一次志愿者接力马拉松。她把这个活动称为"儿童链"。

然而，在马拉松比赛开始前不久，悲剧发生了。安娜贝尔在一起严重的自行车事故中受伤。儿童链活动取得了成功，出乎意料地吸引了企业、政府和媒体的强烈关注，但是安娜贝尔却无法再做医生了。她的未来似乎黯淡无光。

尽管如此，企业和媒体仍对儿童链活动非常感兴趣。她回忆道："我没意识到，这对我来说是一个可能实现人生价值的项目，我甚至打算放弃了，但是儿童链没有放弃我。"

一位个人画布认证从业人士向安娜贝尔展示了如何使用画布来设计一个可以支持儿童链活动的非营利组织。在研究关键资源模块时，安娜贝尔灵光一现。她回忆道："我意识到，我应该把自己当作儿童链最重要的资源之一，而且这个基金会应该为我的投入支付报酬，我以前从未这样想过。"

安娜贝尔创建了非营利性基金会糖尿病儿童链，并担任该机构的第一位董事。

帮助你和他人的"第三媒介物"的力量

希望在职业生涯获得帮助的人通常都愿意倾诉自己较敏感的情绪和故事。而专业顾问或教练也都接受过专业培训，能够引导出这些情绪和故事，并引导他们采取积极行动。

但我们大多数人在面对职业问题时都不会寻求专业帮助。相反，我们向朋友、家人、同事、理发师或酒保抱怨我们遇到的麻烦。如果我们在一家比较开明的公司工作，我们可能会向值得信赖的同事、主管、人力资源经理或其他伙伴吐露心声。

尽管如此，我们中的许多人在准确把握和沟通职业相关问题上仍然存在困难。而且，除非我们的倾诉对象是专业的教练或顾问，否则他们很难引导出真正的问题，更不用说为我们提供有效的指导。

这种情况需要一些工具，使人们以强烈的共同经历聚到一起，同时彼此之间保持舒适的距离，

因为我们不需要依赖专业的对话引导或是直接回答敏感问题。理想的状况应该是面对一个可视化工具，参与者可以把它当作一个独立于自己之外的媒介物。因为它对那些不善言辞、更注重视觉的人，或是那些通过身体活动比通过语言学习得更有效的人有吸引力。最重要的是，这样的工具可以让两个或更多的人把注意力集中在一个中立的"第三方"对象上，把他们从仅由文字和对话构成的互动中解放出来。[6]

我们把这种工具称为"第三媒介物"。相较于只用文字和对话，第三媒介物工具能让人们进行更深入、更有力、更舒适的互动。

工作模式画布就是职业探讨中非常有用的第三物镜工具，因为它提供了一个完全以工作为核心的预制沟通框架，具有清晰的边界以及框架内的图形和语言提示。工作模式画布可以让你和你的伙伴不必担心过于私人的看法或评论。

如何利用工作模式画布进行职业探索

下面是一个示例，用来说明你和伙伴如何利用工作模式画布来进行一次高效的职业探索。

首先，你可能需要利用在本书中学到的内容，把工作模式的基本知识教给你的伙伴。

接下来，你和伙伴应该分别原原本本地呈现自己的"现状"工作模式，然后安排一个时间和地点畅所欲言地进行分享。

在开始分享时，首先请你的伙伴决定他们模式中的哪项关键活动是最为重要的。在他们回答之后，进一步问他们："再说说看，为什么这项活动是最重要的？"这是为了让你和伙伴都专注在模式上。然后用对比色的便签记下你们的评论和见解。务必用便签把评论和见解永久性地记下来，以便日后回顾。否则这些珍贵的想法会在对话后消失不见。

接下来，你可以看看"客户"模块，然后问他们，"哪个客户在你的模式中是最重要的"或"哪个活动支持了你最重要的客户"。

关键是要你们以第三媒介物的角度关注和评论模式本身，而不只是口头对话。

然后你们可以逐个模块地继续下去，完成模式中其余的部分。从第 122 页开始，你会看到二十多个问题和提示，它们能帮你和你的伙伴快速获得有用的思路（请记住，即使你独自工作，第三媒介物也可以帮到你）。

你可能注意到了，"你是谁"和"你拥有什么"是我们推荐的模式构建顺序中的最后一个模块。这是因为这些问题很容易把人卡住，需要反复琢磨，比如"我是谁""我的职业目标是什么""我要达成什么样的人生"。

但这种问题是没法通过反思来回答的。只能通过行动，随着时间推移，以亲身经历来解决。而绘制工作模式是你当前就可以采取的具体行动，它能帮你客观地了解自己的工作方式，并帮你找到工作中的关注点，完善你的职业身份。

检查你的"现状"模式

1 你的"现状"模式是否正确地反映了你目前的工作方式，还是说它包含了你希望成为现实的理想化内容？

2 你将"**收益**"（改善后的状态或结果，通常用名词表示）与"**你做什么**"（用动词表示的活动）区分开了吗？

3 不同的**客户**肯定会获得不同的**收益**：你模式中的**客户**是否获得了不同的**收益**？

4 在"成本与后果"和"报酬与回报"中，你是否只写了财务项目或"硬性"项目？一定要把"软性"因素也考虑进去。

5 在**角色与关系**中，你是否遗漏了一些不受欢迎的角色（比如患者认为护士伯尼斯是个"牢房看守"）？一定要把不受欢迎的角色包含在内。

在第 4 章中， 你将发现你模式中的"关注点"（Hotspots），包括你可能想要改变的痛苦角色。

第 2 部分

反思

重新审视你的工作模式,
并考虑需要修改的部分

第 4 章

现在我们来确定
"关注点"，完善你
的职业身份

反思时间

你已经画出了你工作模式的"现状",现在该对模式中适合你的部分以及需要调整的地方进行反思了。

如果反思得当,就可以迅速解决大量的工作和职业相关问题。但太多人把反思局限在自我反思上。结果就是,解决不了的问题不停地在我们的脑袋里打转,我们却无法做出决定和行动。这就是我们所说的"龙卷风式思维"。

克服龙卷风式思维的办法就是找一个思考伙伴,通过结构性工具练习"畅所欲言"(think out loud)。建议邀请值得信赖的同事、导师、朋友或教练作为思考伙伴与你合作。

配偶或伴侣通常不是好的思考伙伴:他们已经听过太多你对工作的抱怨!而且他们在你的生活中还有一个更重要的角色:爱人。你需要的是对你的职业发展在专业上感兴趣,但在情感上不感兴趣的人。

所以,找个合适的伙伴吧。也许你可以主动把你目前所学到的建模知识教给他们,并帮助他们绘制自己的"现状"工作模式。当你们各自都做好"现状"模式后,就可以进行第一步了:确定关注点。

关注点是你工作模式中的痛点或未开发的机会。它们是你的模式中需要改变的元素的线索，所以必须仔细识别它们具体位于哪个模块中。它们可能是：

· 令人不适或产生摩擦的事情（例如，你的主要客户的价值观与你的价值观相冲突）。
· 你尚未利用的机会或资源（例如，可以帮到你但你尚未接触的外部合作伙伴）。

光是模糊地对工作中有些地方感到不适是不够的。通过绘制工作模式画布，你可以准确地找到关注点所在的位置。然后你和你的思考伙伴就可以把重点放在这上面，并采取适当的行动。

了解与识别关注点的最好方法就是举例子。正如你会在下面的案例中看到的那样，分析工作模式会涉及对职场之外发生的事情的看法和见解。

关注点是
什么以及
如何识别
它们

系统工程师

女儿和父亲

埃里克·徐在 Zoom 上与职业教练交流，紧张地拍着自己的后脑勺，在椅子上扭来扭去。

"除了我妻子外，我就只跟你说过这件事。"他咕哝着，低头看着自己的桌面。

教练微笑着，心中浮现出这位 31 岁客户后脑勺日渐稀少的头发，她说："我们来回顾一下你的模式。"她敲击着键盘分享数字白板，上面有她和埃里克一起绘制的"现状"工作模式。

工作模式画布上显示，埃里克曾在一家大型电子病历软件制造商担任高级客户经理。他的**关键活动**是在各地的大型医院安装核心软件和数据库应用程序。这些安装非常重要，即使是在新冠病毒感染疫情期间，也必须在现场进行。埃里克自豪地将他所交付的收益描述为"更好

的健康结果"。但他也承认自己承受了工作所带来的严重压力。

"压力是你为完成这项重要工作所付出的一部分代价。"教练指着埃里克模式中的**成本和后果**模块说。

"再说说你经历的不太愉快的事。"

埃里克说，由于必须到现场安装软件，所以他为了工作经常出差。经过一些提示，他承认这份自己做了三年的工作有一半的时间都要出差。

"一半时间！"教练似乎真的很惊讶，"不管是谁，出差这么长时间都会倍感压力的。这不在家的时间也太长了……"

埃里克

工作模式画布

埃里克

谁帮助你 （关键伙伴）	你做什么 （关键活动）	你提供的收益 （价值主张）	角色和关系 （客户关系）	你帮助谁 （客户）
	安装软件	更好的健康结果		大型医院

你是谁
（关键资源）

他们如何认识你
以及你如何交付
（渠道通路）

现场

成本和后果 （成本）	报酬和回报 （收入）
压力	

系统工程师

她注意到客户的眼睛湿润了。"我能感觉到，家庭对你很重要。"她轻声补充道。

"是的，"埃里克慢慢地回答，"我有个 11 个月大的女儿……"他的目光又落到了桌面上。

"难怪你会压力这么大！"教练感叹道，"谁都会的！"她皱了一下眉头，然后过了一会儿才镇定下来。

"现在我们来确定关注点的准确位置，"她继续说，"几乎每个人都在工作中承受压力，因此我们必须将眼光放到成本和后果模块之外。我们已经知道，大量出差对你的模式是必不可少的，所以我们可以说关注点就在'你做什么'当中。但让我们更深入地了解一下。"

她抓起鼠标，在"你是谁"模块里简单画了一个小宝宝。她说："我想真正的关注点是在'你是谁'当中——频繁出差就无法花时间陪伴家人。"

"没错！完全正确！"埃里克的脸上露出光彩，"但我不知道该怎么办。"

"第一步是要认识到你已经进入了新的人生阶段。你觉不觉得你的工作必须做出改变才能适应你的家庭需要？"

埃里克用力点了点头。

"很好，"教练笑着说，"一切都会好起来的。下周上课时我们继续后面的步骤。与此同时，我希望你能想出合理方法来解决这个关注点，你可以和你的老板讨论这些事。"

案例注释：

埃里克遵循了良好的反思实践：他没有陷入龙卷风式思维，也没有只把妻子作为职业知己，而是找到了值得信赖的思考伙伴，用结构化练习来快速确定他模式中的关注点。

| 埃里克 | | | | **工作模式画布** |

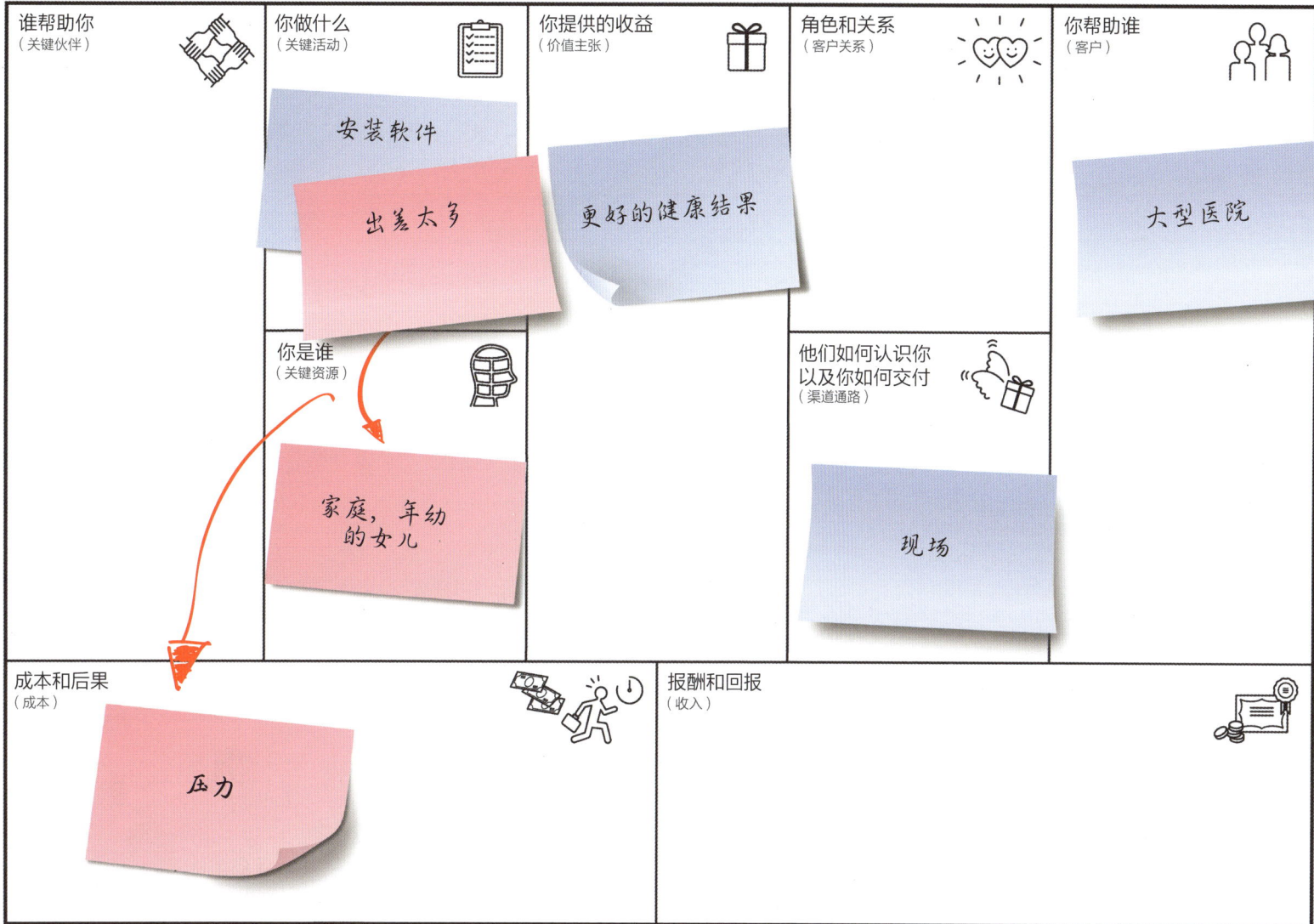

谁帮助你 （关键伙伴）	你做什么 （关键活动）	你提供的收益 （价值主张）	角色和关系 （客户关系）	你帮助谁 （客户）
	安装软件 出差太多	更好的健康结果		大型医院

你是谁（关键资源）

家庭，年幼的女儿

他们如何认识你以及你如何交付（渠道通路）

现场

成本和后果（成本）

压力

报酬和回报（收入）

如何发现痛点或潜力

寻找关注点并没有完美或"正确"的起点。但是，你和思考伙伴可以做的第一件事也是最有价值的事，就是彼此简要地介绍自己的现状模式，让彼此都了解对方的模式。这个过程本身就非常有用：提问和做出评价会让你们的想法越来越清晰，同时调整模式中的要素，从而更准确地描述你的工作方式。

接下来，在模式中寻找看起来令人痛苦或有希望的要素就变得简单了。这里有个小提示：痛点是最常见的，也是最容易发现的！

下面，找出此模块中让你感觉最麻烦的那个元素，看看你是否能发现其产生的真正源头。在埃里克的案例中，你可能会追溯到其他相关的模块。

当追溯源头时，你可能会对模块之间的相互作用和影响有新的认识。例如，在埃里克的案例中，在"你做什么"（关键活动）模块中大量出差是一个痛点，因为这对"你是谁"（核心资源）模块中更重要的元素——与家人的关系，造成了负面影响。

尝试以下步骤：

- 用与现有便签不同颜色的便签表示你当下的工作模式。
- 为模式中令你不适的元素写出简短描述：它是如何给你带来痛苦的？你们之间的冲突在哪里？
- 把这张便签放在令你不适的模块里。如果有多个令你不适的元素，重复上述步骤。
- 如有必要，找到这些不适的真正根源是在哪些模块里。
- 最后，将你的注意力转移到有希望的元素上。有哪些元素能让你从中受益？比如人、技能、资源或环境？

处理关注点的一个有效方法是使用**三个问题**（The Three Questions）。[7] 这三个问题包含了你在解决职业问题时的所有选择：

1. 是时候提升了吗？
2. 是时候离开了吗？
3. 是时候改变工作风格了吗？

让我们研究一下每个问题的含义。

用三个问题来处理关注点

1. 是时候提升了吗？

当你喜欢自己的职业、组织、角色，并且想要继续发展时，也许就是时候**提升**了。提升意味着发展，但不一定意味着升职。人们对发展的定义各有不同。对某些人来说，它可能意味着更大的责任和更高的报酬。而对另一些人来说，它可能意味着转变为一个更令人满意的角色，而不考虑级别或报酬。例如，生物学家卡祖拒绝了实验室经理的岗位，因为她想专注于独自进行更复杂的研究，所以便继续留意那些除了提供经理职位之外还能提供其他发展机会的雇主。

2. 是时候离开了吗？

当你的职业、组织或角色不再适合你的时候，也许你就该**离开**了。要注意，"离开"可以是还留在同一组织，但是加入不同的团队、承担不同的角色，也可以是从不合适的上下级关系中脱离。例如，维多利亚在写了好几年提案后，便厌倦了这份工作，开始考虑离开她所在的组织。但在与同事交流后，她意识到自己的写作能力和产品知识对于她转到公司营销部门来说，是种优势和助力。

要注意，具有前瞻性思维的企业领导者会明白，考虑是否要**离开**与员工是否忠诚无关。真正的专业人士和他们的领导会设法把员工安排在最合适的位置上，来发挥他们的才干。

3. 是时候改变工作风格了吗？

当你喜欢自己的职业、组织和角色，但又没有达到你想要的进步和发展时，也许就是时候**改变你的风格**了。要注意两点：首先，发展得不好有可能是你自己的问题，而不是别人的错。其次，能力不一定是问题所在，也许是你交付收益（价值主张）的方式还有调整的空间，从而能够更好地适应你的环境。例如，城市工程经理斯塔夫罗斯从 360 度反馈法中意识到，他过度使用了自己的项目管理技能，而没有指导他属下的项目经理去承担全部责任。他需要把目前的团队管理得更好，而不是转去一个更好的团队。识别和解决所需的风格变化需要良好的反馈或指导。

当你需要改变的是**风格**，却选择了**离开**的时候，你可能并没有解决问题，只是把这些问题搬了个家。

下面来看看埃里克和他的思考伙伴是如何使用三个问题来衡量他的选择的：

以下是埃里克与思考伙伴一起回答三个问题并做出决定的过程：

埃里克能否不再逆来顺受，而是坚持己见，商讨出一个出差计划，保证每周周末的时间陪家人度过？

改变风格 →

埃里克的上司和同事对他的工作成果和风格都很满意，因此改变风格并不重要，重要的是埃里克意识到，即便能与家人共度正常的周末，也不能满足他对更多家庭时间的需求。最后，他的思考伙伴指出，关注点并不在于他的工作风格或工作场所的本身，埃里克需要关注的是自己对于意义和满足感的需求。

埃里克应该去其他组织找一份新的工作，还是继续留在现在的公司，但不再做客户经理，而是成为客户经理的内部顾问，为客户经理在客户现场的工作提供远程支持？

离开 →

不考虑出差过多的话，埃里克还是很喜欢他的工作和所在公司的。他的思考伙伴也劝他不要辞职，并解释说，辞职往往是一种简单化的解决方案，只不过是把**关注点**又搬到另一个组织；但如果采用另一种方案，即转到远程协助现场客户经理的新岗位，就需要跨越时区，而且没有规律的工作时间，这样还是会占用埃里克的家庭时间。

埃里克能否转变角色，去教别人做他已经掌握得很好的工作？

提升 →

当他们一起畅所欲言时，埃里克和他的思考伙伴意识到，埃里克所在的公司需要教会那些工作时间相对自由的年轻客户经理进行现场安装工作，而正好埃里克是唯一有资格来培训这些年轻人的。埃里克决定说服他的老板，让老板批准他去做培训工作。他的提议被接受了。

如何探索
职业空间

三个问题的作用远不止于确定你工作模式中的关注点，它们还可以作为强大的工具，指引你终身的职业旅程。

在第 4 页，我们谈到了职业生涯中一个令人不安的事实：我们大多数人都或多或少地承担着一系列未经计划的工作。这些工作的内容始终围绕着一个大致的主题。我们的职业发展是顺其自然的，而不是主动设计的。这种对职业发展放手不管的方法也就意味着"你的整个职业生涯都只能重复做同样的工作"。

这种"重复做同样工作"的结果通常是由于你的职业变动都是靠着"启动和获得"。首先，我们"启动"了一次耗时耗力的求职活动，在最终"获得"一份工作以后，我们就一直黏在这个岗位上，直到不满、无聊或工作危机感迫使我们做出改变。然后，我们改了改过时的简历，联络上很久没有联系的人，再次启动耗时耗力的求职活动，以获得另一份工作。

很多人一次又一次地重复这个启动和获得的循环，错误地认为这是一种职业策略，然而它并不是。"启动和获得"是战术，而不是战略。我们中的大多数人更愿意超越这种"启动→获得→重复做同样工作"的职业生涯途径。要做到这一点，我们需要更广阔的工作视角，将我们的工作模式与所处的更大系统联系起来。

这些更大的系统涵盖了各行各业的组织中的几乎所有工作领域。例如，埃里克涉足的是医疗行业，而埃里克在患者电子病历领域工作，这是行业中的一个重要且快速发展的工作领域。

不妨将工作领域视为可遵循的物理定律：我们可以称之为职业管理的新物理学。以下是适用于埃里克案例的定律：

1. 速度
"工作体"以一定的节奏运动，并以一定的速度发展。
电子病历业务正在以惊人的增长速度发展。

2. 动力
"工作体"本身得到了历史背景和市场趋势的相关支持。
电子病例已经存在了几十年，而政府规定和新冠病毒感染疫情使其重要性大大地增加了。

3. 方向
"工作体"的发展方向要么接近、要么远离你的专业本质。

作为一个具有社会责任感的 IT 专业人士，埃里克觉得电子病例业务既有意义又有收获。

因此，我们能看到工作本身是运动的，在其所服务的"空间"中穿行，不是不受变化影响的静止物体。因为它们在移动，所以它们有能力为你的职业生涯提供速度、动力和方向。

拥有职业策略意味着要提前思考，并且时刻清楚自己希望工作把自己推向何处。这就是说，你要时刻留意其他能够推动你沿着中意的职业轨迹前行的工作，并知道何时可以运用你从一项工作中获得的速度、动力和方向前往另一项工作。

如果你把工作模式与"工作体"而不是具体的组织联系起来，在职业的"宇宙"中发展

就会容易许多。因为职业本身经久不衰，而"一份份的工作"就像树上的叶子一样早晚会凋落。关键是要认识到，你职业发展的速度、动力和方向应当推动你到某个地方，而不是让你停留在某个地方。

"三个问题"会帮助你渡过职业生涯的波折，就像帮助埃里克一样，帮助你真正掌控自己的职业生涯。在任何时候，如果你觉得自己需要做出工作方面的改变，请与你的思考伙伴一起分享彼此的工作模式，并通过"三个问题"来帮助彼此。

到时候，请牢记职业管理新物理学中的**速度、动力和方向**。在这三者中，"方向"是最难把握的。因此，我们来把注意力转到方向上。

职业生涯旅程的"北极星"

大多数人一生都在努力应对一系列与工作相关的挑战、机遇和挫折。如果你能够有一颗属于自己的"北极星"，无论你的职业之旅如何曲折，它都能指引你朝着最佳的方向前进，那该多么令人心安。

所以，你应该拥有一颗属于自己的北极星，本节就会教你如何打造一颗。而这个北极星就是职业身份。

职业身份，就像一颗真正的北极星，让你在职业旅途中不会偏离方向。而且职业身份和真正的北极星一样，它代表的是方向，而不是目的地。你永远也不会真的到达北极星，但它永远能指引你朝着正确的方向前进，职业身份也是如此。

那到底什么是职业身份？职业身份是持久性的职业性格，使你有别于其他从事类似工作的人。虽然职业身份与个性很相似，但两者的不同之处在于，职业身份代表的是你的职业本质，而不是你的心理本质。

职业身份描述的不是你的性格特征，而是你在工作中满足和激励自己的同时，如何能让自己与众不同。

把职业身份想象成当你抛开所有头衔、学位、证书、执照、奖项或地位后仅剩的东西。职业身份超越了任何形式的头衔。它描述了你持续提供的收益以及你向客户提供这些收益的方式。它简明地概括了其他人是如何通过你的工作来体验你提供的收益的。

工作模式中的两个模块可以为你的职业身份提供大量线索：**角色和关系**以及**你提供的收益**。**角色和关系**描述的是你为**客户**提供收益的方式。比如，市场研究员安尼在客户眼中扮演着"未来主义者"的角色，因为她总是向客户提供关于未来发展的看法。

同样，**你提供的收益**模块则描述了**客户**如何体验你提供的好处。正如一位客户所说，"安尼使我们能够积极主动应对，而不是被动应对"。

相比之下，许多专业人士过于依赖**你是谁**和**你做什么**这两个模块的技能和证书来定义自己。虽然**你是谁**和**你做什么**很重要，但它们往往描述的是大多数同行专业人士的共同点，即它们描述的是职业本身，而不是你这个独立的个体。

年轻的或经验不足的专业人员往往在他们的**角色和关系**以及**你提供的收益**这两个模块中缺乏独特的元素，因此他们的模式会更依赖**你是谁**和**你做什么**这两个模块中的知识、技能和能力（来自学校学习或培训）。

如果你的职业生涯刚刚起步，请努力观察自己对工作场所的影响，而不仅是你在工作场所的活动。放松下来，**你是可以建立一个职业身份的**。

可以先从后面几页描述的"超能力练习"开始。

埃伦

确定你的
超能力

塑造职业身份的一个好方法就是定义职业"超能力"。职业超能力就是能让你令人满意地完成工作的方法（和风格）。其他人可能和你做一样的工作，但你的职业身份使你以独特的风格和方式来完成工作。

例如，埃伦是一位在波音公司工作的企宣专家。随着这家飞机制造商巨头再次进行重组，埃伦发现自己的工作任务出现了令她不满意的变化。她需要的是休假还是换个老板，抑或是换个职位、换个新的组织工作？

这些问题在她的脑子里不停地打转，但始终得不到解决。埃伦制造了一场典型的职业"龙卷风"，也就是没有答案的问题太多，而花在选择正确问题、找出答案、决定和行动上的时间太少。

埃伦向一位职业教练求助，教练让她画出自己的"现状"工作模式，并确定其中的关注点。她想出了两个：

· 在**角色与关系**里面，埃伦写下了作家（按他人定义）。
· 在**你做什么**里面，她只写了一个词——"未尽其用"。

然后，埃伦的教练让她尝试描述一下自己的职业身份。以下是她想出来的：

· 较强的写作、编辑和校对能力。
· 较强的口头表达能力。
· 优异的项目管理和时间管理技能。
· 丰富的想象力和创造力。
· 对数字媒体、社交媒体的趋势有很强的理解。
· 以积极和专业的方法自我激励。

教练温和地向埃伦解释说，她列出来的是大多数专业企宣人士都会讲的关于自己的事情，基本上是属于**你做什么**和**你是谁**模块的知识、技能和能力。教练也认为埃伦的模式未能表达出一个看似令人信服，但仍未确定的职业身份，她选择的两个关注点也说明了这一点。

"我们细化一下你的职业身份吧。"他如此建议，埃伦同意了。

如何确定你的职业身份

"你要通过从其他人那里获得大量反馈来确定你的职业身份，"教练说道，"理发师不给自己理发，牙医不给自己补牙，这都是有原因的。有些事情，如果你想做好，就需要外部视角。"

他补充道，对大多数人来说，自我观察是很难的，这也是他们需要向同事征求反馈意见的原因之一。对于从来没有征求过这种反馈的人来说，这样做可能会给他们带来压力，但这却是职业生涯中最重要的一步。为自己和同事创造一个反馈丰富的工作环境，应当是企业领导者和高级员工的职业责任。

"埃伦，他人对你和你的工作方式的评价会给你惊喜的，"教练说，"让他们知道你对他们的帮助感兴趣，因为你在努力获得对职业身份的看法。你可以跟几位同事约个时间，跟他们说：'告诉我，和我共事时，你们对我的工作风格有什么特别或独特的感受。'"

"与同事谈话时，你要记下他们对你的描述。记住，这不是你所执行的活动列表，而是人们根据你创造的成果和你创造成果的风格来描述你的方式。"

在课程结束时，教练给埃伦布置了一份书面作业，要她在下周上课之前完成。

翻到下一页，看看上面说了什么。

起草一个职业身份

采访三个或更多的同事，请他们告诉你，在与你合作的过程中，他们在以下这些方面有什么特别的体验：①取得的成果；②你的个人工作风格。仔细聆听包含下列词语的话：

- 交付的成果
- 对他人的影响
- 满足感
- 角色（不是职位）
- 能力（不是技能）
- 目的
- 风格
- 信念与价值观
- 兴趣

整理好你的采访笔记后，写一份简短的职业身份描述（150 字至 300 字）。记住，这不是活动列表，而是人们根据你创造的成果和你创造成果的方式来描述你（以及将你与其他同事区分开来）的方式。你可以随意添加赋予你职业身份的其他来源，比如学校、宗教、父母、军队、音乐团体、创伤事件、有趣的经历、导师、基因，等等。

到了下一周，埃伦回来了，递给教练一张纸。上面是这样写的：

> 我具有老练的直觉，因此能够在组织中发现需要分享和理解的隐藏故事。
>
> 人们读到我写的关于他们的文章以后，会产生自豪感和成就感。我是一名跨越企业的外交官，能够跨越组织边界，进入各种职能领域，并创造出对其他领域的同事来说有意义的故事。

教练让埃伦大声读出她的职业身份声明。读完以后，她带着满意的微笑看着她的教练。

教练说："现在你可以做最后的练习了，试试用十个或更少的字把你的职业身份描述成一种'超能力'。描述你交付的最终成果，而不是你正在进行的活动。"

> 敏锐的外交家，能够揭示并诠释他人引以为豪的故事。

埃伦开始着手准备，十分钟后，她在一张粉红色的便签上写下了几行字。

埃伦是如何回答三个问题的

在明确了自己的职业身份后，埃伦用"三个问题"来决定该采取什么行动。首先，她意识到现在不应该在波音公司内部升职，因为她对管理工作不感兴趣。其次，并没有内部客户建议她改变自己的风格。当她被分配到合适的项目时，内部客户都对她的工作感到满意。

埃伦决定，现在应该辞去目前在公司总部的工作，加入一个有着独特故事的波音部门，这些独特故事需要有人来分享出去，从而改变部门自身形象，并提升部门在公司内部的形象。这个部门需要她作为穿梭外交官，培养大家对部门工作的自豪感，并建立新的内部客户关系。

卡罗尔

不确定
者，听我
一言

当 37 岁的税务律师卡罗尔泣不成声时，罗伯特·西蒙斯，一位 55 岁的在伦敦工作的心理治疗师、职业咨询师，露出了同情的微笑。

西蒙斯刚刚向他的客户提出了一个触发性问题："你以前一定是个率真、兴奋的孩子，现在怎么变成这样了？"

后来，在接受关于这一幕的采访时，西蒙斯说，这些年来他已经在许多人身上无数次地看到这一幕重演。

这些人的情绪化反应背后的共同的原因是什么呢？

西蒙斯将此归因于一个基础假设，他解释道：

"……对于这些人来说，最常见而无益的错觉就是，他们总觉得在正常情况下，他们都能自然而然地凭直觉知道自己的人生该做些什么——在他们毕业、成家、买房或成为高层之前。"[8]

他接着描述了他的客户是如何"被脑海中错误而愚蠢的零散思绪所折磨，而错过了自己真正的'使命'"的。

换句话说，人们相信自己注定要走上一条特定的职业道路，一条既能出人头地又能获得满足感的道路，却苦于无法找到。

人们为什么会这么想？

"使命"的概念起源于中世纪，指的是突然遇到上帝的命令，让自己全身心投入到基督教教义中去。西蒙斯认为，这种想法的非宗教版本留存了下来，并持续困扰着当今的大部分员工。西蒙斯的采访者这样描述道：

"它会折磨我们，让我们以为自己所期望的生活的意义会在某个时刻自然而然地悄然而至，使我们永远免于困惑、嫉妒和遗憾等感受的折磨。"[9]

许多人觉得，他们既没有真正的"使命"，也不能优化他们的职业生活。他们如何才能解决这个问题呢？

作为一名专业的职业咨询师，西蒙斯认为人文主义心理学家亚伯拉罕·马斯洛的观点可以打消人们的疑虑：

知道自己想要什么并不常见，这是一项罕见而艰难的心理成就。

——亚伯拉罕·马斯洛

对于我们大多数人来说，当了解到：不知道自己想要什么是正常的，而不是例外的，就会感到巨大的解脱。

"激情"误区

你对自己的工作有"激情"吗？

某些幸运的人有。但事实是，我们大多数人都对工作没有"激情"。

然而，职场励志书常说："找到你的梦想，金钱就会随之而来""做自己喜欢的事，你就不是在打工了"，或者干脆说"跟着你的激情走"。

读到这些句子，读者一定会想：我对自己的工作没有激情。我是不是有问题？

实际上，如果你对自己的工作没有"激情"，那只能说明你很正常。

你看，是不是感觉好点了？

"激情"这种陈词滥调听着挺好，但实际上只存在于想象中，是个误区。事实上，大多数人在选择或改变职业时应当避免凭借"激情"。

误以为激情是先前就存在的

"找到自己的激情"这个说法是基于一个错位的观点，即人们天生就有可以通过内省发现的、既存的激情。

确实，有些人从小就对某些事情充满激情。我们见过年轻的天才音乐家、艺术家、运动员，等等，这些幸运的人很快对某些活动产生了真正的热情。但我们大多数人并不是生来就有既存的激情，也没在年轻时发现过。

这有两个原因：首先，激情是随着时间的推移而发展的，与某个领域的经验和能力步调一致，它并不是既存于我们心中的。

其次，对自己的洞察或者说自我认知，主要是通过行动而不是内省来发展的。

这就是为什么很少有人在职业生涯开始时就有"激情"。首先，我们内心没有既存的激情。其次，我们也没有足够的经验和能力来培养出激情。

例如，凯利真的很喜欢弹吉他，他一天可以弹上几小时。但如果你听过凯利的演奏，你就会说："唔，那家伙是个业余吉他手，技术一般。"

别人会花钱听凯利弹吉他吗？不会。其他人会花钱让凯利教他们弹吉他吗？不会。

因此，凯利对吉他的热爱并不是很好的职业基础。这是为什么呢？

因为他吉他弹得不够好。你必须非常擅长某件事，别人才会花钱让你去做。凯利对吉他

的激情并不能为其他人创造收益。

下面是另一个例子：卡罗尔曾经有过房地产销售执照。在那几年里，她遇到许多想要改变职业的中年夫妇，他们很想辞去公司的工作去经营家庭旅馆。

但问题是，这些人喜欢的是作为客人住在家庭旅馆，他们觉得家庭旅馆的工作就是为客户提供葡萄酒和进行社交活动，而不是打扫厕所、更换床单，以及匆匆忙忙重新预约取消的预订等。他们对经营家庭旅馆的业务几乎一无所知，在这方面也毫无能力。

经营家庭旅馆对他们来说风险很大，因为他们缺乏这方面的能力。

这就是为什么能力才是选择或改变职业的更好依据，而不是激情。而且事实上，能力是随着时间的推移能够使激情得以建立的基础。当你对自己的职业越来越熟练，你就很可能对它产生激情。

卡尔·纽波特的《优秀到不能被忽视》是一本很棒的书，他在书中对以上这些观点进行了详细讨论。[10]

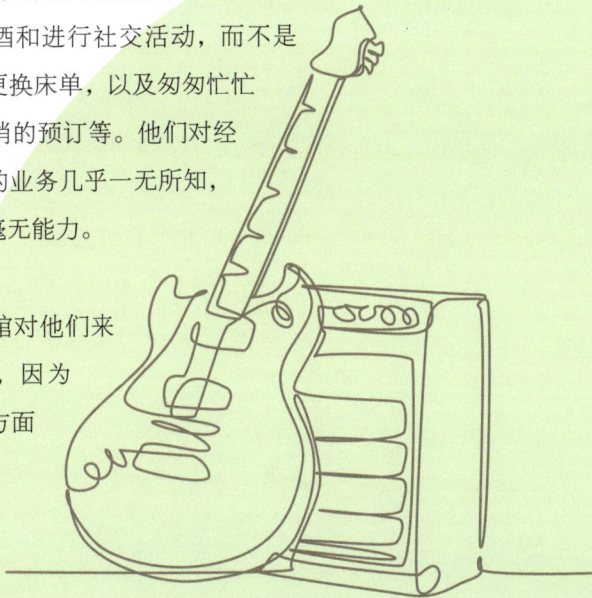

如果你无法确定你的职业方向，比尔·博内特和戴夫·伊万斯的《设计你的工作和人生》一书也许可以让你从中受益。[11]

和我们一样，比尔和戴夫也对工作问题采取了设计思维的方法。以下是他们的一些重要观点，经许可后在此转述。

设计你的人生

你能"成就"的三件事

在商业组织领域中，衡量人们成就的标准通常是**金钱**。赚的钱越多就越成功。

在非营利组织领域中，衡量人们成就的标准通常是**影响力**（"产生影响"，而不是赚钱）。影响力越大就越成功。

在艺术、音乐和文学等追求创造性的领域里，衡量人们成就的标准通常是**表现自我**。

他们的创意作品越多地出现在世界上，他们就越成功。

因此，如果你为非营利组织做救灾工作，你期望得到的回报主要是你产生的影响，而不是金钱或自我表现。如果你在投行工作，你期望得到的回报主要是金钱，而不是影响力或自我表现。同样，如果你是一名艺术家，你期望得到的回报主要是自我表现，而不是金钱或影响力。

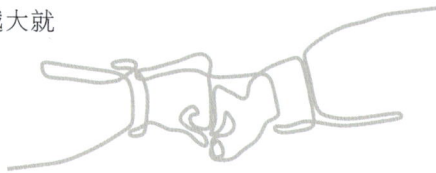

例如，一个不快乐的艺术家可能会把她的自我表现与赚钱混为一谈，做出错误的比较："我不快乐是因为我的画卖不出去。我希望我的表达具有金钱价值。"[12]

或者某个非营利组织的领导人，这个组织为低收入社区提供高影响力的课后项目，让孩子们远离街头和帮派，但是她不快乐，因为她想得到像软件开发人员一样的报酬，她把赚钱和产生影响混为了一谈。[13]

残酷的事实是，在现代工作环境下，创造财务收入的工作往往很难同时成为有意义的工作，抑或成为一种表现自我的工具。

一份工作可以同时产生收入、产生影响和表现自我，这样的想法是一种浪漫的概念，只出现在 20 世纪后期。在此之前，大多数人认为工作就是一种工具性活动，换句话说，主要是为了其他目的而做的事情。[4]

我们猜想，大多数人从家庭、宗教、爱好或其他非工作活动中获得的意义、满足感和自我表现要比他们从工作中获得的更多。也许现在依然如此。

这并不是说**金钱**、**影响力**和**自我表现**这三种回报是相互排斥的。戴夫和比尔喜欢把工作看作**金钱**、**影响力**和**表现**的"组合"，它会随着不同的工作或不同的人生阶段而变化。

例如，有些专业人士发现，自己在职业生涯早期阶段专注于赚钱。随着越来越成熟，他们对产生影响更感兴趣，而随着年龄的增长，他们的注意力又转向了自我表现。但另一些人在职业生涯中完全是相反的模式。

无论你处于哪个人生阶段或做什么职业，都要对自我表现、影响力和金钱的"成就组合"负责，也要对相应的回报负责。**痛苦来自用错误的标准衡量自己的成功！**

阿丽阿娜

避免重力
问题

阿丽阿娜是欧洲一所大学的教授，由于学校拒绝接受她提出的开设创新性课程的提议，她深感沮丧。在一次集体辅导课上，她的同事指出，她遇到了"重力问题"。

"什么是重力问题？"阿丽阿娜问道。

"是一种特别讨厌的问题，伊万斯和博内特在他们的书中讨论过，"她的同事补充道，"他们用这样的故事来说明。"

"我遇到了一个大问题，我不知道该怎么办。"

"喔，阿丽阿娜，是什么问题？"

"是重力问题。"

"重力？"

"是的，我快要疯了！我感觉越来越重。我没法轻易地骑自行车上坡。我摆脱不掉这个东西。我不知道该怎么办。你能帮帮我吗？"[3]

问题的关键在于，有些状况是我们无法改变的，因此无法采取行动。这样的状况就称为重力问题。

设计师知道重力问题是无法解决的，因此无法采取行动。设计师只研究可以采取行动的问题。

认识重力问题，即你无法改变的状况，可能需要外向型关注、经验或第三方视角的结合，就像阿丽阿娜的案例中那样。

多亏了同事的反馈，阿丽阿娜才意识到想要改变一个具有 130 年历史的公共机构的文化是在浪费时间。对于她的重力问题，或者说任何重力问题，唯一的好办法就是接受。这意味着阿丽阿娜要么另找一份工作，要么通过重新规划问题来调整她的风格，使其具有可操作性。例如，阿丽阿娜可能会将问题重构为：**我怎样才能去用我喜欢的方法教授我喜欢的话题，而不是提议需要行政审批的全新课程？**

记不记得我们说过，艺术家应当期望的回报主要是自我表现，而不是金钱或影响力。现在这个环境，艺术家得到的报酬很低，这可能不公平，但要想解决这个问题，你就必须以某种方式改变整个艺术市场。你可以尝试去这样做，但我们还是建议你接受这种无法采取行动的状况，接受重力问题，把注意力转向能够采取行动的问题。[14]

记住，不要和现实对抗：水不会往高处流，鱼也不会长在树上。在你重塑工作方式的过程中，你要**认识并避免试图解决重力问题**。

卡住了？试试这样

如果你成功地避开了重力问题，并对你在工作中寻求的回报"组合"有清醒的认识，但仍然感到卡住了或是感觉需要重塑你的工作，那就来试试这个练习。

生命线探索

大多数职业教练认为，工作满足度主要由三个因素决定：兴趣、技能/能力、个性。这三个因素的交汇点就是你职业的"蜜罐区"。生命线探索练习可以帮你用有趣的、间接的、可视化的方式，确定并看到这些因素在你生活中的交汇点。方法如下。

a. 找个伙伴
建议找一个对职业发展同样感兴趣的思考伙伴和你一起做这个练习。虽然单独做练习也是有用的，但与别人合作，你会学到更多。

b. 时间、地点和工具
你只需要做笔记的纸和笔、一些记号笔、胶带，以及像下图这样的空白生命线（或者是能代替它的软件）。最好在一张大纸上画出你的生命线，越大越好。跟你的伙伴约一个安静的时间和地点，准备花至少一小时一起做这个练习。

你们每个人都要画出各自的生命线。

c. 在生命线上标出你生活中的高潮点和低潮点
把你的生命线贴在墙上。注意，生命线的横轴代表时间，纵轴代表让你享受和兴奋的事。现在，尽力回想能代表你生活中高潮点（＋）和低谷点（－）的事件，并将它们标注在你的生命线上。当它们出现在脑海中时，就把它们迅速记下：让情感记忆而不是智力记忆引出你的高潮点和低谷点。

＋

兴奋/享受

我的生命线 ⋯⋯⋯⋯⋯⋯⋯⋯⋯⋯⋯⋯⋯⋯⋯⋯⋯⋯⋯⋯⋯⋯⋯

－

"高潮点"和"低谷点"是指：

· 你生活中具体的、重要的事件：好的或坏的、个人的或职业的，无论是与工作、社会生活、爱情、爱好、学术、精神追求有关还是与其他领域有关的。

· 你记忆中的转折点或里程碑，它们与你有着强烈的情感联系。

· 你职业生涯中的积极或消极变化

现在，将你生命线的每个事件用一个点标注出来，再加上一段简短的文字描述，例如

"与杨结婚""妈妈去世"或"在维斯塔找到工作"。从最左边开始，标出你能记住的最早的高潮点或低谷点，一直标到现在。等你标出十几个事件后，画一条线把每个点都连起来。然后你的生命线也许会看起来像下图达茜的这样。

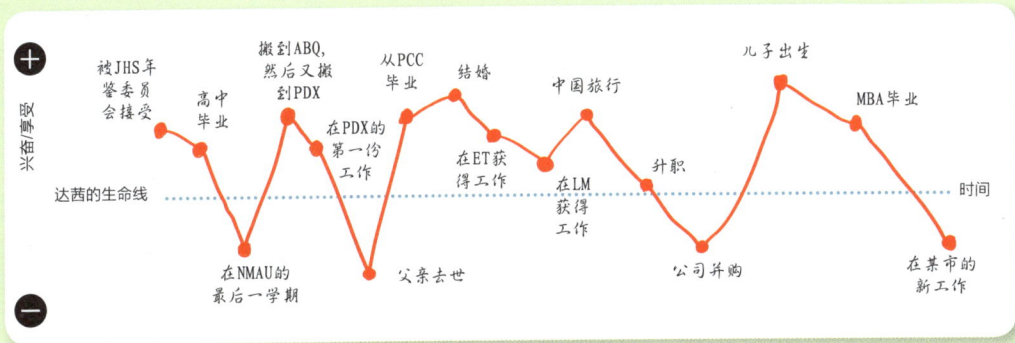

达茜

达茜的生命线

兴奋／享受

+
−

被JHS年鉴委员会接受
高中毕业
搬到ABQ，然后又搬到PDX
在PDX的第一份工作
从PCC毕业
结婚
在ET获得工作
中国旅行
在LM获得工作
升职
儿子出生
MBA毕业
时间
在NMAU的最后一学期
父亲去世
公司并购
在某市的新工作

时间

d. 描述事件

在你的笔记纸上，用一两句话简要地描述每个事件。使用"设计""领导"或"组装"等动词。试着用两个或以上的动词来描述每个事件。例如，如果你在初中学校集会上独唱了一首歌，那就不要写"唱了一首歌"，而是"挑选、排练了《心如刀割》这首歌，并在全校才艺表演上演唱，掌声雷动！"

这一步骤里要包含你的行动背景，也就是说写下事件的地点和主题。在上面的例子中，背景是"全校才艺表演"。

e. 互相辅导，发掘见解

现在该是你和伙伴从工作中发掘见解的时候了。向你的伙伴提问关于他们生命线的问题，你当他们的"秘书"，记录他们的回答：

1. 你生命线上的高潮点有什么共同点？（探究一下你的伙伴能否识别高潮点中共同的活动、主题、背景或人。）

2. 在每一个高潮点，你对自己的感觉如何？为什么？

3. 你的生命线上的低谷点有什么共同点？（探究一下你的伙伴能否识别低谷点中共同的活动、主题、背景或人。）

4. 在每一个低谷点，你对自己的感觉如何？为什么？

5. 你在哪些工作转变上做出了关键决策？这些转变是处于职业生涯的高潮点还是低谷点？（职业教练认为，内部控制权对职业满足度至关重要。内部控制权是指由你自己决定你想做什么，而不为外界所影响：例如家庭、朋友、同事、整个社会。）

交换角色，让你的伙伴指导你并为你做笔记。

f. 与你的伙伴分享笔记

与你的伙伴分享你在指导他们时所做的笔记。记得要写下他们的原话，不过可以试试对他们提出一些可能遗漏了的联系、共性或情绪反应。

然后，交换角色，让你的伙伴分享对你的生命线的看法。

通过额外的思考和对话，你们双方都应该对兴趣、技能和能力、个性在哪里会交汇形成新的职业"蜜罐区"有了新的认识。

你准备好修改你的工作模式了吗？

在翻过这页前，先问问自己

1 自我反思是否让我获得了足够的见解？可以邀请这两个人成为我的思考伙伴：

1.

2.

2 我工作模式中的关注点主要是一种痛苦还是一种潜力？

3 如果这些关注点是痛点，它们是我无法影响的重力问题吗？如果是的话，我是否应该离开目前的角色、团队、组织甚至职业呢？

4 如果这些关注点是未能利用的机会，那么是什么想法或信念使我无法对其采取行动？我是否应该把重点放在发展而不是退出上？

5 我能向别人描述出我的职业身份吗？哪些同事可以给我反馈，让我知道别人是如何看待我在工作中提供的收益的？

在第 5 章中， 你将学习如何修改自己的工作模式，以及你是应该在组织内工作还是自己创业。

第 3 部分

修正

重新绘制你的模式

第 5 章

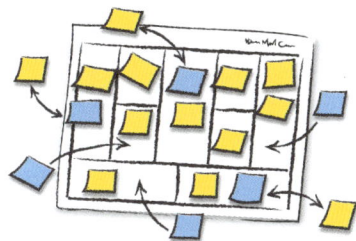

修正你的工作模式
画布

埃里克·徐在主管办公室外的椅子上坐立不安，他提早到了，看起来比平时紧张得多，因为他要向主管提议改变自己在 EPIC 的工作。

埃里克和他的教练在"现状"模式中发现了一个关键的关注点：他作为父亲的角色与他要频繁出差的工作不相容（见第 86 页）。

新客户，
新角色

埃里克和他的教练画出了一个新的"未来"模式（To-be Model），不但能克服关注点问题，还能与埃里克的技能、能力和兴趣相容。他们为埃里克确定了一个有前途的新工作角色：培训初级系统工程师来管理现场软件安装和升级。培训师的角色可以使埃里克不再出差，还可以打造一个年轻的、有安装资质的系统工程师人才库，他们中的大多数人没有什么家庭负担，愿意为工作出差。

埃里克

在等待主管的时候，埃里克想到了他"未来"工作模式中会发生变化的三个模块。

第一，他将面对一个新的内部客户群：初级系统工程师。到目前为止，他的三个主要客户是 EPIC、他的主管和大型医院的 IT 经理，但埃里克相信他可以为年轻的系统工程师提供服务，毕竟他是这些年轻人所处的软件和信息技术领域中的专家。

第二，他的角色会从"安装专家"转变为"技术培训师"。虽然埃里克对这次角色的变化不太确定，但他对自己的技术能力、产品知识和安装经验充满信心。

第三个变化是"提供的收益"模块。埃里克会为 EPIC 提供"留住优秀员工"的收益，通过培训来为初级系统工程师提供内部成长机会，从而鼓励他们留在公司。不过，埃里克还是担心他的主管会认为他的新模式仅仅是为了解决个人困境，而不会给 EPIC 带来真正的收益。

"埃里克吗？抱歉，让你久等了……"主管的声音打断了埃里克的思路。他深吸一口气，走进她的办公室。

你目前感觉如何？

也许你在绘制现有工作模式时，会感到灵光一现，然后就完成了调整，现在只是出于好奇而阅读本章。这再正常不过了。

或许你想更深入地研究，采取更仔细的方法来修正模式。如果是这样，本章将介绍一种简单、循序渐进的方法。

如何修正你的工作模式

第一步　重新绘制你的"现状"模式

另找一张画布，再画一遍你的"现状"模式，这张画布越大越好。这一次，在完善的职业身份和前几章中获得的其他见解指导下，你应该能够更清晰地阐明你提供的收益，你帮助谁，以及你做什么。

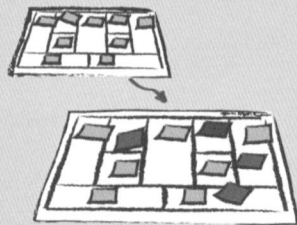

第二步　确定关注点

工作中有什么地方让你感觉不舒服，或者感觉好像错失了机会？在你的模式中圈出你感觉有这样"关注点"的模块。例如，如果你想赚更多的钱，就把"报酬和回报"模块圈出来；如果你不喜欢销售，而销售又是你最重要的活动之一，那就把"你做什么"模块圈出来。

工作模式画布

谁帮助你
（关键伙伴）

你做什么
（关键活动）

你提供的收益
（价值主张）

角色和关系
（客户关系）

你帮助谁
（客户）

你是谁
（关键资源）

他们如何认识你
以及你如何交付
（渠道通路）

成本和后果
（成本）

报酬和回报
（收入）

第三步　提出诊断问题

接下来，回答后面几页中关于你的关注点模块的问题。有些提问涉及的是痛点；另一些提问涉及的是机会。无论是哪种，都可以在"解决方案起点"中找到关于要考虑的行动的提示。此部分既涉及在组织内工作的职场人士，也涉及自由职业者（更多关于自由职业的内容，请参阅第 138 页）。

你做什么和你是谁

问题和解决方案的起点

你对你的工作感兴趣吗？

如果回答为"是"，那太好了。现在再具体说一下工作中让你觉得激动的地方。如果你对工作不感兴趣，就说明你是谁和你做什么之间存在着不匹配。试一试"生命线探索"（见第 110 页）或"职业身份"（见第 100 页）中的练习，最好与思维伙伴一同练习。

你是否有重要的能力或技能未充分利用或未能使用？

能力或技能的缺失或未被充分利用会导致压力或不满。你能否将这种能力或技能加入你做什么（关键活动）中，从而支持或提升你提供的收益？

你的兴趣和个性是否符合你的工作环境？（记住，"工作环境"很大程度上是由你的同事决定的）你的兴趣和个性与你的活动协调吗？

如果回答为"是"的话，那就太好了！如果回答为"不是"，你能否把兴趣和个性加入你做什么中，或者修改你的工作内容，或者与更匹配的客户或伙伴合作？客户与你提供的收益密切相关，所以去研究一下关于你提供的收益的诊断问题吧（见第124页）。

你帮助谁

问题和解决方案的起点

你喜欢你所服务的组织或人吗？

如果回答为"是"，那固然很好，不妨再深入一些，多说说你喜欢什么。如果你不喜欢你的客户，无论他们是内部还是外部客户，你能在你的组织内，或在行业内找到新客户吗？如果不能，就从头开始。

谁是你最重要的客户？

你是否与客户就向他们提供的收益达成了一致？你是否对你提供的收益进行了正确的估值？你的客户是否应该获得新的或升级的收益？

为你的客户服务是否"成本过高"？

是否硬性成本或软性成本过高，所以不值得为客户提供服务？是否报酬和回报过低？如果是，就去研究一下收益、成本和后果、报酬和回报这三个模块的诊断问题，或确定其他潜在的客户。

你的客户真正想要完成的工作是什么？他们使用你的服务是不是出于"更宏观"的理由？例如，你的客户是否为另一个更大的客户提供服务，而该客户还有着更重大的工作？

澄清你的客户是购买者还是使用者。儿童是冰激凌的使用者，但家长才是为冰激凌付钱的人。如果你的客户是使用者，但购买者另有其人，你是否有效地向购买者展示了你提供的收益？你能否重新构思、重新定位或修改你提供的收益，从而帮助购买者获得更大或更有价值的收益？

客户是否将你做什么等同于他们要做的工作？而你如何认为呢？

有时客户自己对要做的工作也没有明确定义。你能协助进行定义吗？你能重新定义或修改你做什么来提升你提供的收益吗？

你是否需要新客户？

如果能，考虑将你的重点从挽留客户转变为获取客户。你是否需要做更多的销售或营销？是否需要提高或拓展你在这方面的技能，或寻找能够帮你获得新客户的合作伙伴？

你提供的收益
问题和解决方案的起点

你提供的收益是否解决了客户要做的工作中最重要的问题?

你是否清晰定义了你提供的收益,以便将其传递?你还能用什么新的方式来提高知名度(视频、社交媒体、在线演示等)?你是否能让客户以自己喜欢的方式进行购买和交付?

客户在你的服务中真正看重的是哪些要素?

问问客户这个问题,答案可能会让你惊讶。再研究一下你帮助谁的诊断问题,或是重温"确定职业身份"部分(见第 100 页)。也许你需要额外的反馈,来明确你提供的收益与过去或现在的客户所看重的价值有什么关联。

你是否真正了解要做的工作,这只是猜测的结果吗?你能否重新构思 / 重新定位或修改你做什么,使收益的定义更为明确?

你能否通过其他渠道提供你的收益?

你的客户是否喜欢目前的渠道?你能否调整你提供的收益,从其他渠道交付?你能否将你的收益从服务转变为产品,或是反过来?

客户希望你建立和维持的关系是什么样的?

你是以客户喜欢的方式与他们沟通,还是以你喜欢的方式与他们沟通?你能否改变你的互动或沟通方式,从而更符合他们的喜好?

你喜欢为客户提供你的收益吗?

如果回答为"是"的话就太好了!如果不是,请重温你是谁、你做什么和你帮助谁部分,对其进行调整,使自己获得更高的满足感。

客户是如何认识你的？

客户对你的服务（或产品）评价如何？

你是否让客户以他们喜欢的方式进行购买？

你如何交付你的服务或产品？

你如何确保客户购买后的满意度？

他们是如何认识你的
问题和解决方案的起点

你能否提供其他的购买选择？你能否通过新的媒介（在线、播客、视频、现场、产品）进行交付？合作伙伴是否能够帮助你建立知名度或交付收益？你是否问过客户对你服务或产品的满意度如何？

如果你是员工，你如何让潜在的内部新客户了解你提供的收益？

你现在通过哪些渠道来提高知名度及交付你提供的收益？

角色和关系
问题和解决方案的起点

你对于不同客户扮演的都是什么角色？请把理想角色的和不理想的角色都算上。

你的角色和关系的首要目标是什么：维护老客户还是获取新客户？

如果你的主要目标是留住客户，那么你做什么中是否包含了评估客户的满意度？（如果满意度低，请参见你提供的收益的诊断问题）如果你的目标是获取客户，你是否需要在你做什么中增加销售或市场相关的行动？

你能否清晰定义你对每个客户所扮演的角色？你采取了哪些措施来更好地了解客户对你所扮演角色的看法？

谁帮助你
问题和解决方案的起点

缺少关键伙伴的原因是什么?

你能否将同事或其他人转化为关键伙伴? 没有人能独自成功,如果你是自由职业者或自己经营企业,你是否可以通过从关键伙伴处获得资源,而非自内部寻求资源,从而以更低的成本或更高的效率、质量获取关键资源和活动?

谁帮助你?
谁是你的关键伙伴?

关键伙伴是否能够承担某项关键活动或为你提供某个关键资源? 你是否能够加深关系,或使其更具战略性,从而降低你和合作伙伴的成本? 你能否通过关键伙伴联盟调整你提供的收益,或是提供新的收益? 关键伙伴能否作为你的渠道合作伙伴?

成本和后果
问题和解决方案的起点

在你的模式中,哪些活动产生的软性成本最高?

存在产生过高软性成本的活动说明你的职业身份、你是谁和你做什么之间存在着不匹配。可以重新审视这些模块,或是考虑把你的模式整个重新构造。

你目前模式中产生的最高成本是什么?

你能否通过修改你做什么或与关键伙伴共同分担来降低成本? 哪些活动即便减少了或干脆取消掉,也不会对你提供的收益产生负面影响? 你能否通过增加对合作伙伴或你是谁的投资,来显著提升你提供的收益?

报酬和回报
问题和解决方案的起点

收到的 报酬和回报 过低是否因为你低估了你 提供的收益？

你或客户是否将 你做什么 等同于 你提供的收益，或误解了其要完成的工作（Job-to-be-done）？再回顾一下 客户 和 你提供的收益 的诊断问题，看看你是否能提高 收益 的价值。

你的 报酬和回报 是否过低？

如果是的话，再思考一遍 你提供的收益 的诊断问题，确保 客户 对 你提供的收益 的理解与你一致。然后，考虑协商提升报酬或回报（比如增加灵活性）。

如果你决定获取或替换某 客户，就需要增加 渠道 相关的活动。此外，复习一下第 106 页的 "成就组合"。

如果能够降低你的 成本，那你认为你目前的 报酬和回报 合理吗？

如果是的话，你能否减少或修改为 客户 服务所做的 活动？如果不是，考虑寻找新的或额外客户，或修改整个模式。

报酬和回报 是以 客户 喜欢的方式支付的吗？还是说，报酬和回报 是以你喜欢的方式支付的？

你能从全职雇用模式换到合约雇用模式吗？从聘用定金模式转换到订阅模式呢？或者反过来？你能否把服务变成可以销售、租赁、许可或订阅的产品？你能否接受实物支付？你能否协商获得 客户 花费很少但对你很有价值的 收益？

第四步 修正模块然后评估效果

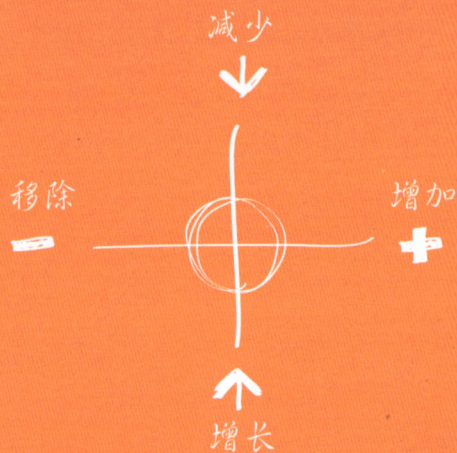

参考你对诊断问题的回答，然后在右侧表格列出你想对模块做出的变更。例如，如果你想减少销售，那就在"你做什么"那行的"减少"下面写上"销售"。这项技巧的完整内容请参见金（Kim）和莫博涅（Mauborgne）撰写的《蓝海战略》中的四项行动框架。[15]

模块	添加 +	移除 −	增加 ^	减少 v
你是谁				
你做什么				
你帮助谁				
你提供的收益				
他们如何认识你以及你如何交付				
角色和关系				
谁帮助你				
报酬和回报				
成本和后果				

确定模块变更的影响

确定你的改变产生的影响是一个有趣而复杂的过程。这是因为模块之间是相互联系的：改变一个模块中的某个元素就需要改变另一个模块中的某个元素。我们在第 2 章中涉及过这个问题。现在是对进行改变和追踪其影响更为详细的介绍。

模块是如何相互影响的

考虑一下薪酬和回报模块的一个常见问题：收入不够。你可以通过以下方式赚到更多的钱：①获得更多、更好的新客户；②提供更有价值的福利；③提高费用。假设你决定通过增加新客户来增加报酬。请翻回上一页的构件表格，在"你帮助谁"旁边的"添加"列中，写下想添加的新客户。

在纸上添加了一个客户是很简单的。但我们不能指望新客户凭空出现，添加客户通常需要进行额外的宣传或营销工作。因此，你应该在"你做什么"旁边写下相应的条目，以增加销售或市场活动。

构件	添加 +	移除 −	增加 ^	减少 v
你是谁	温习销售、营销技巧			
你做什么			销售或营销活动	
你帮助谁	新客户			
你提供的收益				
他们如何认识你以及你如何交付				
角色和关系				
谁帮助你				
报酬和回报				
成本和后果				

"你做什么"中的这个新条目本身就可能会影响到其他模块。例如，如果你销售技能不够，你可能想参加销售培训或营销课程。那么你就在"你是谁"旁边写下适当的条目。

另外，你也可以找一个擅长这一领域的合作伙伴来实现促进销售的目标。那么你就在"谁帮助你"旁边写下适当的条目。记住，合作伙伴也是要付钱的！

这里有一个高效的修正工作模式技巧：如果你为了达到预期结果而改变了某个模块中的元素，必须确定这种改变对其他模块的影响。然后对其他模块中的元素进行相应的调整。

有一个好方法可实现这一点：在你的脑海中想象自己对刚写下的内容采取行动，脑海中上演一部按照你自己意图行事的"电影"。然后在"电影"里快进到每个相关模块处，想象自己以不同的方式行事。这样就会创造更多体验，让自己知道哪些改变适合自己。

现在，检查模式中每个需要改进的模块，并进行适当调整。

构件	添加 +	移除 −	增加 ^	减少 v
你是谁				
你做什么				
你帮助谁	新客户			
你提供的收益				
他们如何认识你以及你如何交付				
角色和关系				
谁帮助你	获取新的销售合作伙伴		额外费用	
报酬和回报				
成本和后果	合作伙伴费用			

第五步　绘制你的"未来"模式

在修正完关注点模块后，就该绘制新的工作模式了。这是你的"未来"模式，你职业生涯的下一次迭代。模式迭代的次数越多，它就越强大。

原型设计的力量

不要以为只绘制一次工作模式，然后再修改一遍就能一劳永逸。工作模式画布的优势在于它是一种结构化地试验各种模式的方式。在这种原型设计下，你能够尝试各种工作风格，并发现最适合你的工作方式。

一 人生阶段不同，模式不同 一

当生活发生变化时，尝试多种模式会有所帮助。

如果你精明能干的经理在明天被糟糕的老板取代了会怎样？

如果做了多年专业技术工作的你，现在想进入领导层了该怎么办？

你想好了退休以后该怎么办吗？

备有多个选择可以帮你快速切换到可行的模式，达到你想要的目标。

计算成本和后果

菲尔原本是曼彻斯特一名从事自由职业的学习与发展顾问（Learning And Development Consultant），他通过一家职业介绍所受聘在英国国家空中交通管理局全职工作，合同期为一年。菲尔的角色是对员工进行新技术和新流程的培训，帮助该部门完成"保证天空安全"的使命，并减少组织内课题专家的教学设计负担。

菲尔说："我很喜欢这里，项目庞大而有趣，同事优秀出色，薪酬也相当不错。唯一的痛点是到他们办公室上班要五小时车程，所以我不得不在那里临时住宿，周末开车回家。"

起初，菲尔主要是到现场工作。新冠病毒感染疫情出现后，他在家里用微软的 Teams 视频会议平台远程工作。

菲尔的合同期又延长了一整年，但疫情对管理局的收入产生了巨大影响，许多高级工作人员在重组中被解雇了。项目重新启动后，菲尔觉得它已经失去了原有的宏大愿景，这家机构现在官僚主义盛行，充斥着无休止的视频会议、文件和机械式的核对，却少了菲尔在管理局办公室时喜欢的社交接触和面对面的联系。他感到无聊，觉得自己的职业生涯停滞不前。

菲尔说："我知道自己很幸运，在这个充满不确定性的时期仍有一份带薪的工作，但是这份工作让我很痛苦。我必须得做出改变了。"

然后他遇到了压倒骆驼的最后一根稻草：英国政府实施的税改将菲尔的签约雇用收入削减了25%。

菲尔参加了工作模式培训课寻求帮助，他的"现状"工作模式将痛点完全显现了出来。

菲尔

工作画布 ✕ ＋

app.mural.co/

工作画布 ⌄ | ☐ 🖳 ☑ ⏱ | ⚙ Facilitator | ✓ All changes saved! | 👥 2 | ⬆ Share

| 签约培训师，菲尔 | "现状" 模式 | 工作模式画布 |

谁帮助你
（关键伙伴）

职业介绍所

其他空中交通服务组的同事

培训设计同事

你做什么
（关键活动）

设计并提供培训

协调收益相关方、课题专家（SME）

你是谁
（关键资源）

擅长学习设计和培训、经验、热情

你提供的收益
（价值主张）

将空中交通运营安全过渡到新技术

减轻课题专家的学习和设计工作

保证天空安全！

角色和关系
（客户关系）

自由职业学习和设计顾问

他们如何认识你以及你如何交付
（渠道通路）

面对面

通过微软 Teams 远程进行

你帮助谁
（客户）

英国空中交通管理局

职业介绍所

空中交通运营支持单位

成本和后果
（成本）

职业停滞

对培训内容无从控制

官僚主义、无休止的会议

报酬和回报
（收入）

起初薪酬丰厚

同事优秀

起初体验很好

但税改削减了25% 的收入

签约培训师

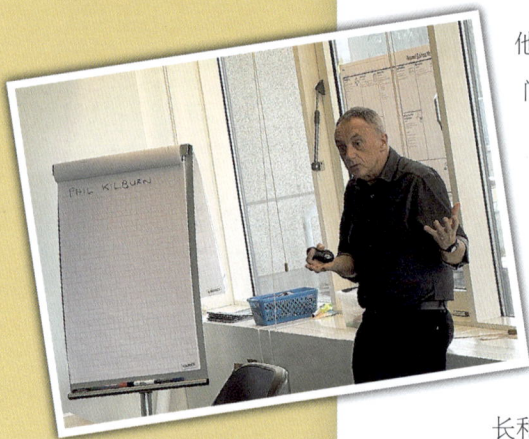

菲尔开始修正他的工作模式。

他知道，通过中介或直接与客户打交道，自己仍然能拿到与以前水平相当的顾问日薪。但他想摆脱以金钱换时间的模式，拓展成一门全新的自己可以控制的业务，这样他就可以用自己选定的工作模式、创业思维和创新文化等内容为自己的客户开设研讨班。

"这样一来，市场推广就显得重要起来，而这是我的弱项，而且我一点也不喜欢干这个，但它对我修改后的模式能否成功至关重要，"菲尔说，"所以，我决定找渠道合作伙伴帮我进行专业的营销，这样我就可以专注于自己擅长和喜欢的活动。"

在菲尔完成他的合同后，他现在正全职从事新业务。

他说："现在还处于早期阶段，但是一切都在进展中，清晰的愿景会带来巨大的改变。"

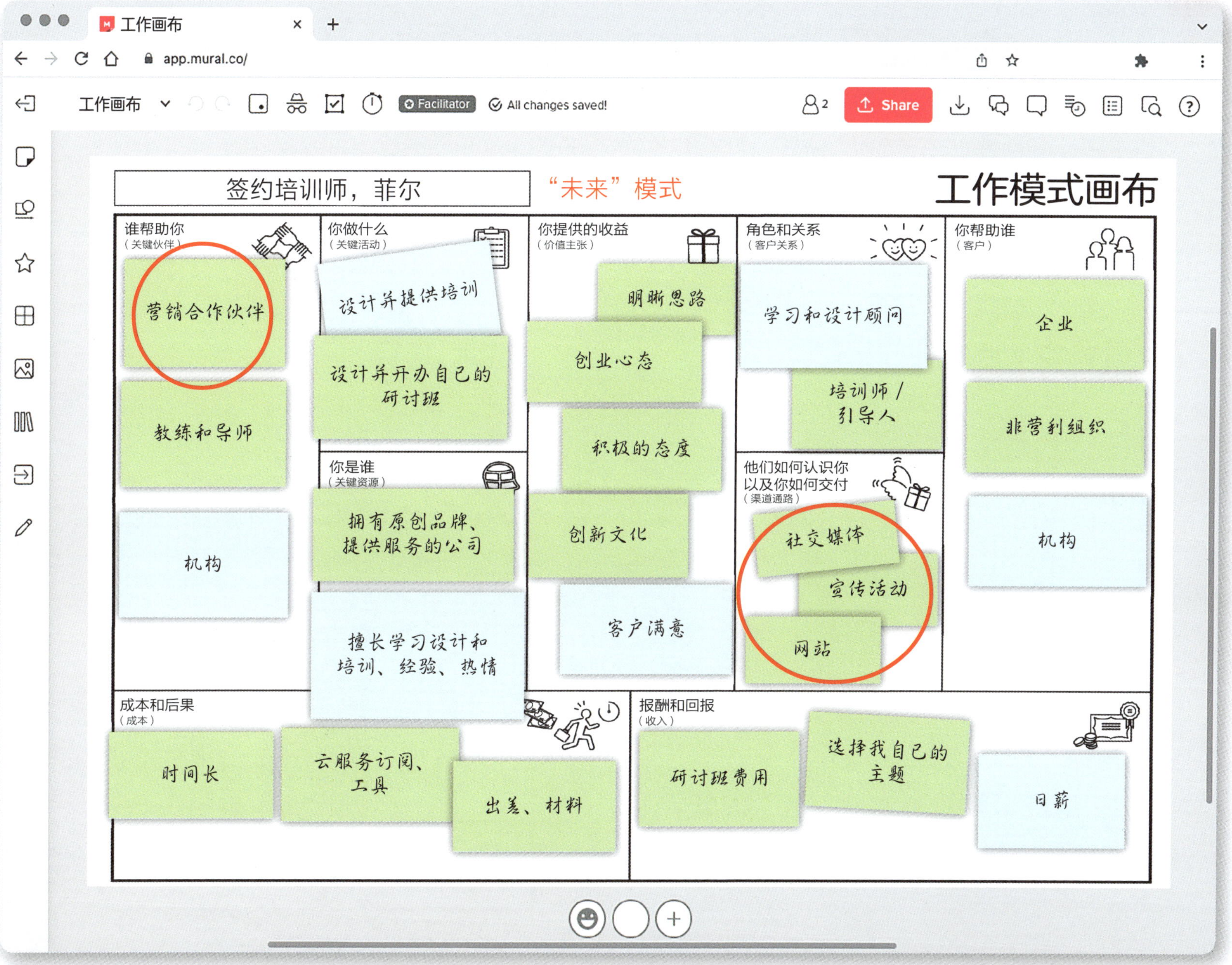

工作画布　✕　＋

app.mural.co/

工作画布 ∨ | 〇 Facilitator ✓ All changes saved! | 2 | ↑ Share

| 签约培训师，菲尔 | "未来" 模式 | 工作模式画布 |

谁帮助你
（关键伙伴）

营销合作伙伴

教练和导师

机构

你做什么
（关键活动）

设计并提供培训

设计并开办自己的研讨班

你是谁
（关键资源）

拥有原创品牌、提供服务的公司

擅长学习设计和培训、经验、热情

你提供的收益
（价值主张）

明晰思路

创业心态

积极的态度

创新文化

客户满意

角色和关系
（客户关系）

学习和设计顾问

培训师 / 引导人

他们如何认识你以及你如何交付
（渠道通路）

社交媒体

宣传活动

网站

你帮助谁
（客户）

企业

非营利组织

机构

成本和后果
（成本）

时间长

云服务订阅、工具

出差、材料

报酬和回报
（收入）

研讨班费用

选择我自己的主题

日薪

你应该成为自由职业者吗？

在完成你的模式后，你可能会想，自己是否应该像菲尔一样，成为完全的自由职业者。

几乎每个人都梦想过建立自己的事业，开一家创业公司，或者干脆先把老板炒了，再想下一步。

自由职业的好处很明显：自由、灵活和无限的机会。

坏处也是存在的：收入不稳定、孤立无援，以及可能会陷入无休止的全天候工作状态。

在权衡这个决定时，思虑周全的专业人士往往会察觉到成为自由职业者的隐患，他们能隐约感觉到，但无法清楚地描述出来。他们相信，如果能够发现这些隐患并了解它带来的挑战，他们就可以明智地做出"做与不做"的决定。

没错，他们是对的，确实存在着隐患，这些隐患是真实的、能够被发现和解决的。不过好消息是，对我们大多数人来说，用三个简单的问题就可以快速回答"我应该成为自由职业者吗"。

你可以轻松地提出这三个问题，因为你了解组织如何向客户提供收益的逻辑。简而言之，组织创造收益，然后使用渠道将其传递、销售，直至交付给客户。

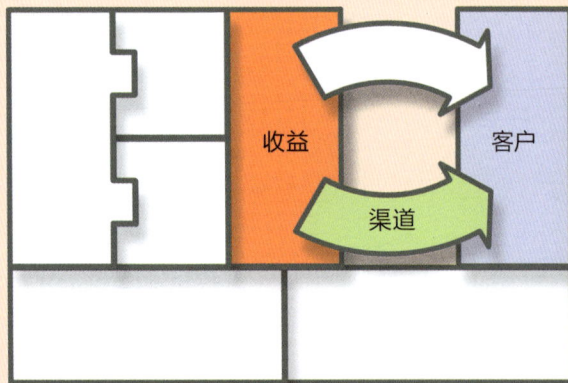

以下要点需要牢记：

渠道连接了收益与客户，因此组织只有在拥有或控制渠道时才会成功。

注意，渠道连接着组织与组织外部的客户（外部客户）。因此，对渠道的所有权或控制权对于任何企业的成功都是至关重要的。无论有多少员工，没有渠道就什么都做不了。缺乏有效的渠道对任何组织来说都是致命问题。

大多数在组织内部工作的专业人员都是服务于内部客户： 同事、合作伙伴、上司以及其他人。直接与外部客户打交道的相对较少。

事实上，组织里的"工作"（job）本质上就是连接专业人员个体和内部（有时是外部）客户的渠道。拥有一份作为组织员工的"工作"可以免去吸引和获取客户的艰巨工作，使你能够专注于交付收益。但当你放弃一份工作转而单干时，你就无法只专注于交付了。你必须得建立自己的渠道来吸引和获取外部客户。

你知道我想说什么了吧？

那就是：**单干的隐患是渠道。** 无论你是要做一门单人生意，还是和别人一起创业，你都必须承担起吸引和获得客户的艰巨任务。

现在清楚了隐患是什么，那么有三个问题可以帮你决定是否要迈出这一步：

1. 你目前是否拥有或控制自己的渠道？

如果是的话，那你大概可以独自踏出这一步了，尤其是如果你的渠道是口碑良好的个人和职业声誉。如果不是的话，那就看第二个问题。

2. 你能开发自己的渠道吗？

如果能的话，那就开始试验，准备单干吧！如果不能的话，那就继续看第三个问题。

3. 你能通过合作关系获得强大的渠道吗？

如果能的话固然好，但是，请与潜在渠道合作伙伴一起仔细测试你的计划，并记住，虽然渠道 100% 在线化有利于交易和交付，不过吸引和获得客户还是得你自己来干。低估了吸引潜在客户以及向他们推销的难度是新创业者最常犯的错误之一。

总结一下：如果你尚未拥有或控制一个好的渠道，而且也不能或不愿意开发一个渠道，甚至不能通过合作关系获得一个渠道，那么在企业里工作对你来说也许会干得更好。

房地产开发商

从员工转变为企业家

拉胡尔

当住在班加罗尔的拉胡尔·萨巴瓦尔接到一个住在英国的朋友咨询电话时，他从未想到这次谈话最终会引发他职业生涯的革命。

近几年，拉胡尔在伦敦的一位朋友正在为其在印度的退休父母寻找合适的养老社区。于是，他找到了拉胡尔，因为他知道拉胡尔是印度房地产市场的专家。

这些专业知识来之不易。在 25 年的职业生涯中，拉胡尔曾经做到过 VBHC 公司首席运营官的职位。VBHC 是印度顶尖的廉价公寓开发商之一。

然而，当他的伦敦朋友打来电话时，拉胡尔自己也正面临着困境，并找了一位职业导师向其寻求帮助。

瓦桑特

这位导师就是瓦桑特·库马尔，他曾经是零售业高管，他本人的职业生涯也经历了一次转型，转型为培训和指导新晋企业家。起先，拉胡尔向瓦桑特求教如何在印度房地产行业中获得首席执行官的职位。瓦桑特建议他们一起绘制并研究拉胡尔当前雇主的商业模式，以及他在此模式中的角色。

他们画出来的 VBHC 模式揭示了两个大问题。第一个问题是，购房者背景的多样化，以及居住购房者和非居住购房者的混杂，这导致了公寓管理层与业主或租户之间的售后冲突。然而，拉胡尔作为一名员工，对 VBHC 和整个行业在选择所服务的客户方面影响力有限。

工作画布

app.mural.co/

工作画布

⚙ Facilitator　✓ All changes saved!

2　Share

VBHC 员工，拉胡尔的 "现状" 模式

工作模式画布

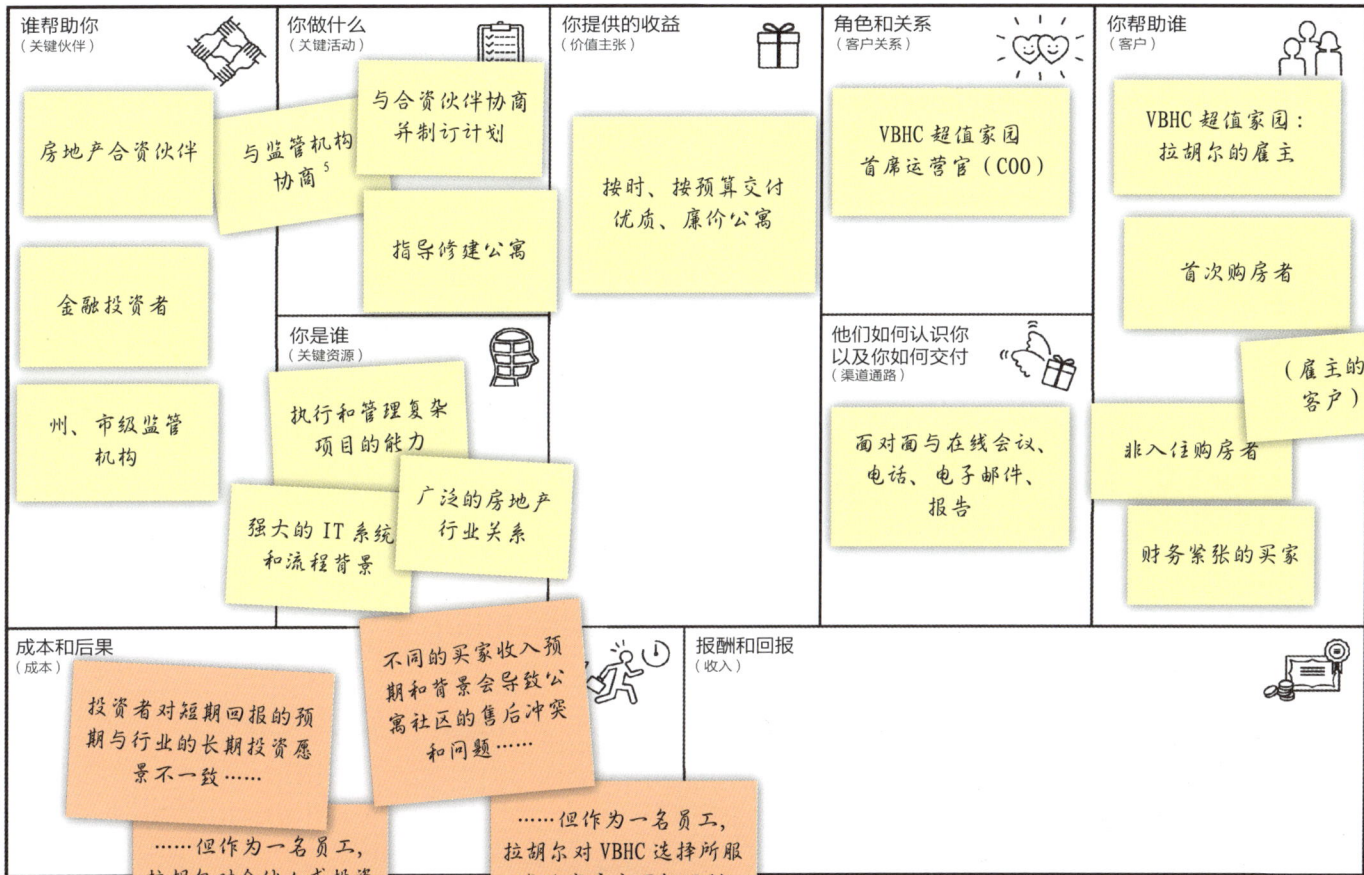

谁帮助你 （关键伙伴）	你做什么 （关键活动）	你提供的收益 （价值主张）	角色和关系 （客户关系）	你帮助谁 （客户）

谁帮助你（关键伙伴）

房地产合资伙伴

金融投资者

州、市级监管机构

你做什么（关键活动）

与监管机构协商

与合资伙伴协商并制订计划

指导修建公寓

你是谁（关键资源）

执行和管理复杂项目的能力

强大的 IT 系统和流程背景

广泛的房地产行业关系

你提供的收益（价值主张）

按时、按预算交付优质、廉价公寓

角色和关系（客户关系）

VBHC 超值家园首席运营官（COO）

他们如何认识你以及你如何交付（渠道通路）

面对面与在线会议、电话、电子邮件、报告

你帮助谁（客户）

VBHC 超值家园：拉胡尔的雇主

首次购房者

（雇主的客户）

非入住购房者

财务紧张的买家

成本和后果（成本）

投资者对短期回报的预期与行业的长期投资愿景不一致……

不同的买家收入预期和背景会导致公寓社区的售后冲突和问题……

……但作为一名员工，拉胡尔对合伙人或投资者的影响有限。

报酬和回报（收入）

……但作为一名员工，拉胡尔对 VBHC 选择所服务的客户方面起不到影响。

房地产开发商

第二个问题是，VBHC 的投资者和合作伙伴的投资预期回报时间与该行业的长期投资愿景并不一致。同样，作为一名员工，拉胡尔对 VBHC 选择合作伙伴和投资者的影响有限。

但拉胡尔的困境更为严重。他和瓦桑特都意识到，即使拉胡尔真的当上了首席执行官，住宅公寓行业的结构也不太可能让他在选择客户、渠道或关键伙伴方面拥有完全自主权。

与此同时，日益恶化的新冠病毒感染疫情严重扰乱了印度房地产市场，这使得拉胡尔开始反思其他的房地产商业模式，并对自己的下一步职业发展进行深入的思考。

在与瓦桑特的一次会面中，拉胡尔大声问道，他是否应该考虑开创自己的新事业。瓦桑特立即附和了这个想法，并指出，要想让拉胡尔在选择客户和关键伙伴方面拥有真正的自主权，唯一的办法就是创办自己的公司。

这段话引起了拉胡尔的注意：拉胡尔在替他的伦敦朋友调查社区情况时，惊讶地发现，印度的退休住宅开发行业规模虽小但增长迅速，它们既具备统一性的客户，又能让开发商和关键伙伴对投资预期保持一致。

此外拉胡尔还注意到，正在建设退休社区的房地产开发商缺少专门的组织来提供现场餐饮、管家、医疗和礼宾服务。相反，他们把不同的当地分包商群体凑到一起，为各个新社区提供服务。这往往就会导致服务不均衡甚至不达标。难道这就是他创业的机会所在？

导师和学员开始搭建"未来"模式，来完善并最终体现拉胡尔的想法。这个新模式利用了拉胡尔现有的房地产行业知识和关系网络，提供了一个强大的新价值主张：为退休住宅开发商提供出色的端到端客户体验。

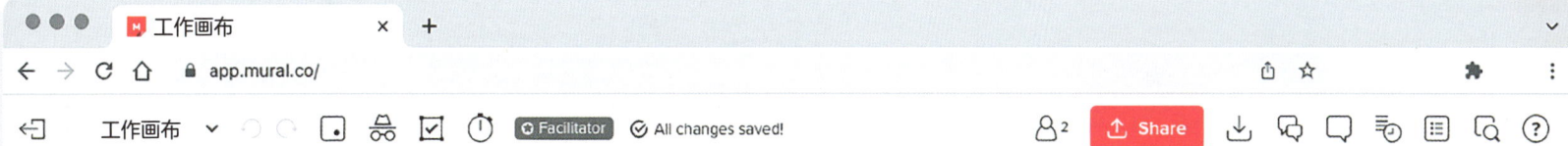

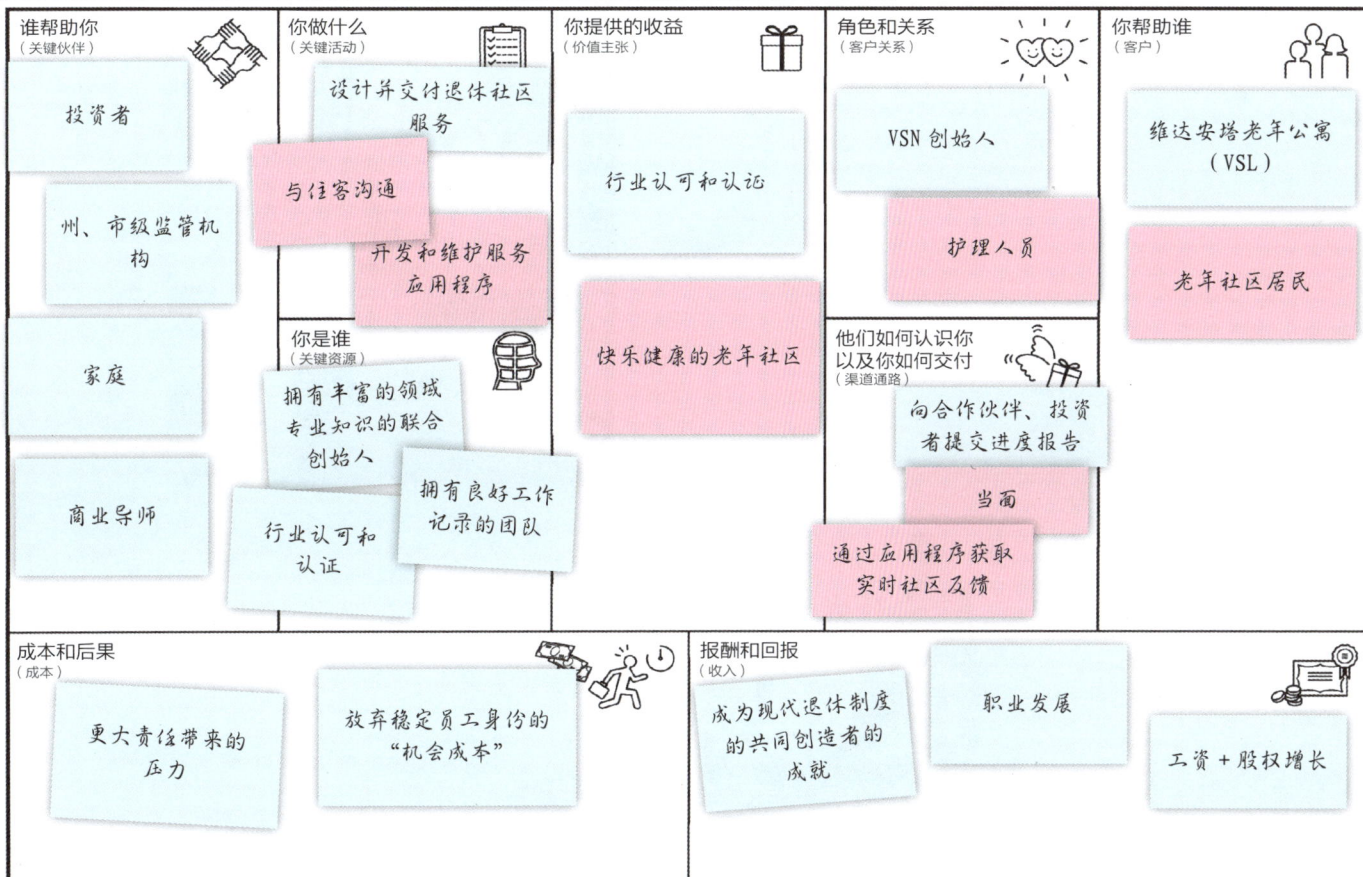

如今，拉胡尔是维达安塔老年需求（VSN）的创始人兼首席执行官。该公司是印度增长最快的退休社区服务供应商之一、维达安达老年公寓（VSL）旗下专门负责客户和项目收购的部门。

瓦桑特仍在指导拉胡尔，帮助他在印度创造一个更美好的退休生活生态系统。

暂停一下，问问自己

1 我是否只是快速进行了修正，而没有追踪"未来"模式将如何对整个模式产生影响？通过在脑海中构想一部电影，想象自己对每一个模块进行修正，我是否真正领会了这些改变的含义？

2 如果让一位思维伙伴来看我的模式并提出问题，我是否会从中受益？

3 我是否准备好与实际或潜在客户一起测试对客户、收益或渠道这三个模块的修改？

4 我是否害怕大量返工或是设计多个模式？我是否意识到自己正在学习如何建立模式，而不是单纯地创造一个"正确的"模式？

5 我能否接触和影响我描述的渠道？我能描述出来，并不表示我喜欢接触它们以及对它们施加影响。

下一章的重点是如何测试你修改后的模式，看它是否符合市场实际情况。你也许会像埃里克一样，发现测试他修改后的模式很简单：他只需写一份提案，然后提交给他的老板（不过，埃里克的故事还没结束）。

但是，如果你想让工作产生更大的改变，你就不能再局限于桌面工具，要使用外向型关注。第 6 章会告诉你怎么做。

第 4 部分

测试

测试你的画布

第 6 章

现在该测试你的
工作模式画布了

出乎意料的反应

埃里克在他的上司简对面坐下。EPIC 公司的做事风格就是雷厉风行，所以当简开门见山、直奔主题时，埃里克并不惊讶，但是她的话让他有点措手不及。

"埃里克，我看过你的提案了，非常有道理"，她一边说，一边在桌子上整理一叠打印稿："你打算如何推进？"

埃里克一时语塞。他本来以为要先逐页讨论他的提案并解答简的问题。"嗯……呃……太好了！"他结结巴巴地说。

简会心一笑："你没想到会这么快批准吧。"

埃里克点点头。

她继续说道："你所提出给 EPIC 带来的好处，对公司非常重要和及时，我们的确需要一批有前途的高级系统工程师。我们需要像你这样，既认识到这种需求又能采取行动的人。"

"让我来建议一下接下来的步骤，"她接着说，"首先，你要培养一位能够接替你当前职位的继任者。其次我建议你为一些初级系统工程师进行培训，并陪同最有前途的工程师去现场，监督他们的第一次安装。之后你可以逐步停止出差，增加更多的正式培训课程。你觉得怎么样？"

简的说话节奏太快了，埃里克不知道该说什么。他又点了点头。

简说："很好，我已经为你的第一次培训选了四名系统工程师。就从 12 月 4 日开始吧，怎么样？"

就在三周后？埃里克想，他感到一阵轻微的恐慌。他努力让自己听起来很自信："行啊，我可以的。"埃里克回答道。

"太棒了！我会把细节发给你。埃里克，这对你来说是跨出一大步，真不简单。你的提案展现了真正的主动性。"简说。

"谢谢你给我机会，简。"埃里克回答。

埃里克走出简的办公室，几乎不敢相信自己运气这么好。也许就像教练说的一样，当你采取行动时，事情就会顺利推进！他哼着欢快的曲子，大步穿过走廊。

埃里克
测试他
修正后的
模式

埃里克迭代

12 月 4 日，埃里克在一间会议室里为他的第一次培训做准备，他紧张地测试电脑、投影仪和遥控器，打印出来的图表太大了，他得重新整理。他早到了两小时。

约定的时间到了，埃里克开始向四位年轻的系统工程师做演示。他展示了一大堆文字密集的 PPT，详细解释了系统要求和预安装程序，并介绍了 EPIC 的安全和隐私政策。他一口气讲了快 90 分钟才停下来，准备回答问题。但直到下课，他也只被问了两个关于下次培训日期和作业的敷衍问题，这令他很惊讶。

第二天，简把埃里克叫到办公室。"培训进行得如何？"她问。

"唔，还好吧，我觉得，"埃里克说，"我有点紧张。"

"我收到了一些参与者的反馈，"简说着，把手机递给了埃里克，"看看这个。"

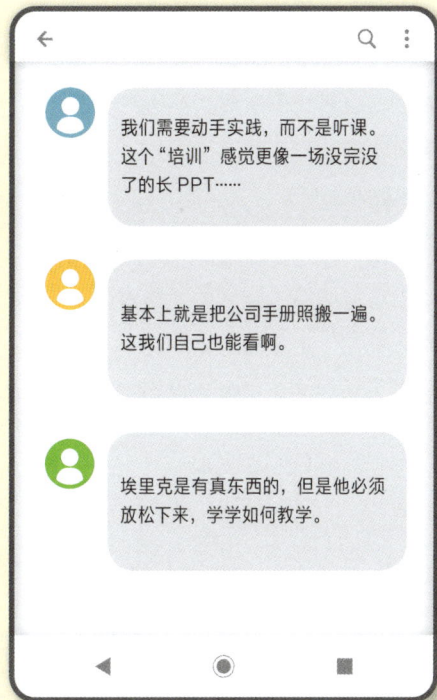

> 我们需要动手实践，而不是听课。这个"培训"感觉更像一场没完没了的长 PPT……

> 基本上就是把公司手册照搬一遍。这我们自己也能看啊。

> 埃里克是有真东西的，但是他必须放松下来，学学如何教学。

埃里克的脸一下子就红了，感到耳朵发烫。

"别担心！"简笑着说，"你是没看见我做的第一场培训。简直惨不忍睹！"

"说实话，我以前没做过正式培训，"埃里克承认道，"我工作模式画布中的这一部分假设还没有经过测试。"

"胡说！"简说，"你已经完成过近百次安装，每次都有医院的 IT 经理在那里观察和学习，对吧？"

埃里克点头表示同意。

"那为什么不把培训做成现场安装一样呢？你可以扮演医院 IT 经理的角色。让系统工程师上课时在测试服务器上进行安装，一边装一边向你解释他们正在做什么。你可以监督、总结，然后让他们挑战一些真实问题，比如：为解决这个特定的安装问题，你会向医院的 IT 经理问什么问题？你必须培养他们的思维方式，不能光让他们按照说明书操作。"

埃里克的脸上露出光彩。"你说得很有道理，简，我会修改我的培训方法。下一次课后我们再联系，看看情况如何。"

埃里克的下一次培训结束后，简立即给他发了一条短信，里面只写了两个符号："？？"

埃里克的回复是："！！"

如果你的
情况和埃里
克的不一样
怎么办？

也许你的公司或老板不会像埃里克的老板一样支持你，你担心自己提出的改变计划会被拒绝。但是你要知道，所有雇主在考虑是否要为留住有价值的员工而进行一定的适应调整时，会先进行一项重要的计算：替代成本。

你知道如果你辞职，你的雇主要花多少钱来替代你吗？美国人力资源管理协会（SHRM）报告显示，一个组织更换一名员工的平均成本是该员工的 6 至 9 个月的工资。对于一个年收入 6 万美元的员工来说，雇主要花 3 万至 4.5 万美元来招聘和培训替代者。这还是假设在当前的劳动力市场上有合适的替代者！而若是专业人员，这些成本可能还会大幅上升。招聘人员在接触他们时，这些替代候选人往往会要求很高的薪酬。

雇主在更换员工时还有可能损失宝贵的经验以及难以取代的专业知识。更重要的是，在替代员工接受培训或入职期间，工作效率会受到影响。

所以，如果你的"现状"工作模式画布表明你：①有能力；②能为企业提供价值，而你提出了一种新方法来实现这个目标。那么把你替换掉是你老板最不想做的事情。所以要确保你的提案涵盖了能够接替你的潜在继任者，包括培训这些人的计划。

是简单测试？还是更严格些？

如果你像埃里克一样，是一位有能力的专业人士，对你的工作模式画布进行了相对较小的修改，那你现在就可以测试它了。

像埃里克一样，你可以和一位有想法的伙伴或教练讨论你的"未来"模式。你可以写一份正式的提案，向上司、同事或伙伴进行演示。但测试本身也可能很简单，比如直接把提案发给合适的人。

像埃里克一样，你可能会发现你需要"测试"你的新角色！

请记住，并非每个潜在的行动方案都需要进行正式"测试"。例如，如果你想给你的妹妹写一封电子邮件，最好的"测试"就是直接写邮件，然后点击"发送"。

即使是与职业相关的行动，测试你修正后的模式也可能很简单，比如希望上司允许你每周在你感兴趣的新项目上花两小时；希望他批准你向其他部门的同事学习；或是希望他允许你每周多在家工作一天。而这些"允许"，能让你在职业生涯中取得坚实进步。

另外，你修改后的"未来"模式可能需要进行重大变更。你可能想转到公司的一个完全不同的部门，或远离一个运作不良的团队。你也许正在考虑彻底离开公司或打算创业。你也许正在考虑换个行业甚至换个职业。你也许正在考虑用某种形式退休：比如减少工作量、采用全新的合作方式。

你必须对你的"未来"模式进行更严格的测试，因为这种改变的风险更高：你要确保你的模式符合市场实际，并承担行动的风险。

测试"未来"模式最冒险的方式，莫过于在真正了解你个人的工作模式或新雇主的企业模式之前就接受了工作邀请。你会发现你只是把同样的"关注点"搬到新的办公桌上，或是发现新的组织并不适合你。

要避免这种情况，你要认识到，纸面上的"未来"工作模式画布通常会包含一些未经验证的假设：这是一个在让自己受益的同时也能帮助别人的提案，但它是未经测试的。

测试新工作模式画布最实用的方法是：①找到并联系那些能够代表你想服务的客户或非常解了解他们的人；②以结构化的方式与他们讨论他们面临的工作环境问题、行业问题或职业问题。这里有一个强大的方法可以做到这一点。

工作价值
探索图

身为一名员工，埃里克自然了解 EPIC 的内部情况以及它所面临的问题、事件、需求和趋势。不过，你也许正在考虑换个新的工作、新的组织或新的行业，甚至打算自己创业。如果是的话，你需要先了解你所服务的客户面临的问题、事件、需求和行业趋势。

我们认为，有价值的工作隐藏在 问题（Problems）、事件（Issues）、需求（Needs）和趋势（Trends）简称 PINT 的背后。PINT 四个元素定义如下：

1. 问题或潜在问题

某些地方出现了问题，或运行不良，或产生了对新事物的需求。例如，某些行业正面临员工流失率过高的问题。

2. 事件

没有出现具体问题，但规则、法规或其他外部条件正在发生变化。例如，美国即将出台的立法将改变企业雇用外国研究生作为实习生或合同工的方式。

3. 需求

缺少了一些东西，或者有了对一些新的或不同事物的需求。例如，计划进入南美市场的雇主需要有才华、文化敏感、具有西班牙语和葡萄牙语技能的员工。

4. 趋势

事物正在改变，朝着新的方向发展或者人们的习惯发生了改变。例如，医疗行业对微型摄像机及其他设备的使用日益增多，这表明医疗设备制造商需要更多机器人专业的工程师。

准确识别潜在客户所面临的问题、事件、需求或趋势是检测有价值工作的本质。如果你能在一两个 PINT 类别中做到这一点，你就可以找到有价值的工作了。

下一步是清晰描述你的模式如何响应你确定的问题、事件、需求和趋势。例如，如果你确定了问题，你的模式也许能提供解决方案；如果你确定了事件，你的模式也许能实现创新；如果你确定了需求，你的模式也许能提供具体资源；如果你准确地发现了趋势，你的模式也许能提供强大的定位策略。

这四种响应：解决方案（Solutions）、创新（Innovations）、资源（Resources）和定位策略（Positioning ideas），缩写为 SIRP。SIRP 四元素的定义如下：

1. 解决方案或建议

为解决问题或潜在问题，而对新方法、新服务或新产品进行的调整、修复或建议。例如，你在分析离职面谈后发现，很多重要员工的离职原因是为了寻求更加自由的工作时间，因此，你建议公司实行弹性工作制。

2. 创新

为适应一个事件带来的影响，前瞻性地主动调整系统。例如，你建议将招聘目标扩大到有前途的国内研究生工程项目，从而降低对拥有海外培训经验工程师的依赖。

3. 资源

用于满足需求的人力、资金、物料或知识产权。例如：你自己可能就具备雇主进入南美市场所需的文化敏感度和语言技能。

4. 定位策略

提出利用趋势或最小化风险的方法。例如，你建议资助一所重点研究生院的机器人工程专业教授，从而确保人才储备。

工作价值探索图是一种简单的工具，可用于组织对问题、事件、需求和趋势的探索。你可以再运用解决方案、创新、资源和定位策略予以解决。

在使用工作价值探索图时，无须在每个方框里都填写内容。只需记录你在与专家或潜在客户交谈时发现的 PINT 或 SIRP 相关元素就可以了。

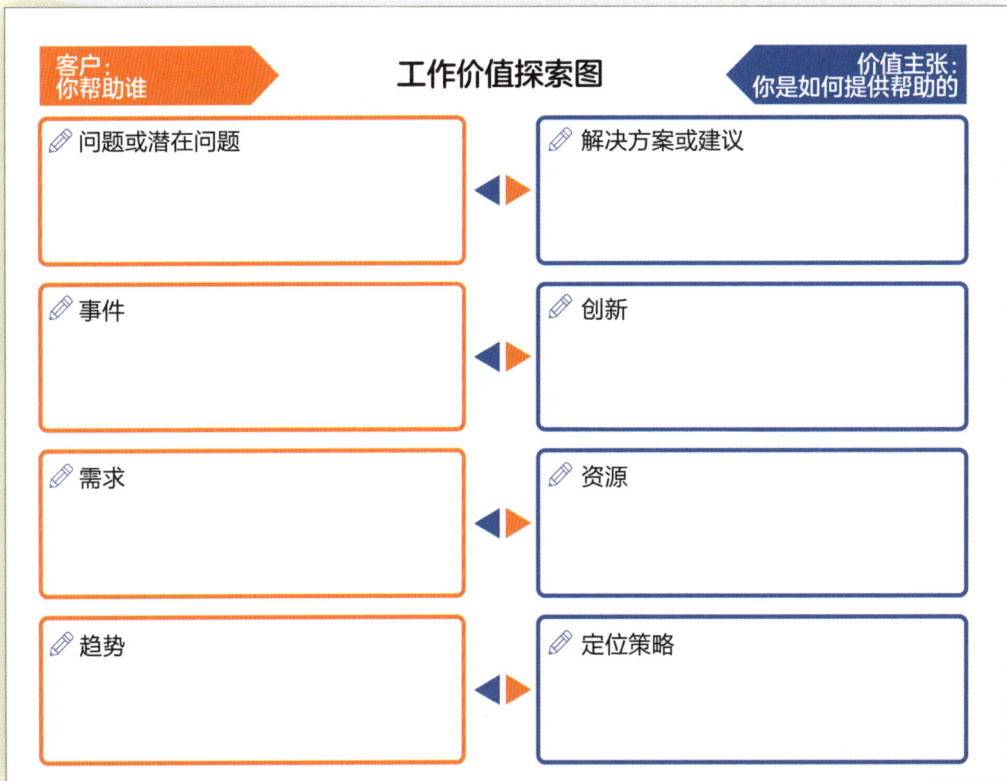

客户：你帮助谁	工作价值探索图	价值主张：你是如何提供帮助的
🖉 问题或潜在问题	◀▶	🖉 解决方案或建议
🖉 事件	◀▶	🖉 创新
🖉 需求	◀▶	🖉 资源
🖉 趋势	◀▶	🖉 定位策略

交通工程师

通过测试发现更多有价值的工作

39 岁的韦恩是 DKS 工程公司的一名高级交通工程师，当他的团队在两次关键投标中输给竞争对手后，他对自己的职业生涯失去了信心。他联系了 DKS 的人力资源副总裁吉姆，希望进行一次保密咨询。

吉姆提到韦恩在 DKS 的个人名声，韦恩被叫作"坚定的电脑迷"。虽然韦恩本身并不是信息技术专业人士，但他提出了许多帮助 DKS 工程公司更好地使用云技术的工具。吉姆让韦恩去做一个"未来"工作模式画布和职业身份练习，两天后再来沟通。在他们第二次见面时，韦恩向吉姆提供了以下职业身份描述。

在他的职业身份标签里，韦恩写道：

韦恩

通过用数据讲述故事
来提供见解的
电脑迷。

我能注意到隐藏在我们收集的大量数据中的趋势：我是一个数据驯服者，让神秘的技术变得友好。我可以把数据转化为帮助客户决策和解决实际交通问题所需的信息。我创造的实际结果会让客户微笑，让他们惊喜。

吉姆和韦恩讨论了如何让韦恩融入修改后的"未来"工作模式画布，最近 DKS 战略规划务虚会上的议题引起了他们的注意。

DKS 已经预见到，高度智能化的汽车会比预期更快地融入城市，智能高速公路、智能显示屏可以告诉人们自己身处何方、要去哪里以及目的地情况。实现这一切需要大量的工程和数据科学工作，DKS 公司有这样的基础优势。

因此，在务虚会上，DKS 正式通过添加新的"关键资源"（大数据分析能力）、新的"关键活动"（为城市设计智能交通系统）和新的"价值主张"（为城市提供基于云的智能交通网格，使现有基础设施的人口移动能力翻倍），修改了企业业务模式。

吉姆让韦恩在办公室墙上贴一张超大的工作价值探索图，并至少填写一个与 DKS 最新战略决策相关的信息。韦恩很快就把他的工作模式画布中"价值主张"（提供的收益）和"关键资源"（你是谁）与 PINT 四个元素中的三个匹配上了：

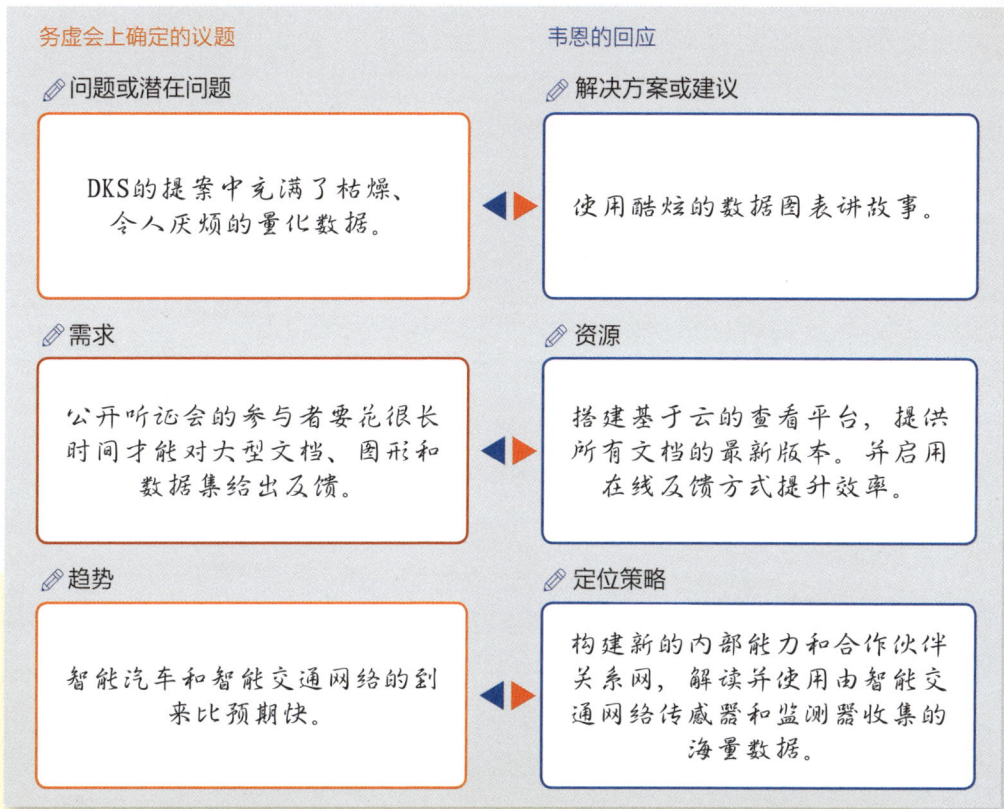

务虚会上确定的议题

🖊 问题或潜在问题

> DKS 的提案中充满了枯燥、令人厌烦的量化数据。

🖊 需求

> 公开听证会的参与者要花很长时间才能对大型文档、图形和数据集给出反馈。

🖊 趋势

> 智能汽车和智能交通网络的到来比预期快。

韦恩的回应

🖊 解决方案或建议

> 使用酷炫的数据图表讲故事。

🖊 资源

> 搭建基于云的查看平台，提供所有文档的最新版本。并启用在线反馈方式提升效率。

🖊 定位策略

> 构建新的内部能力和合作伙伴关系网，解读并使用由智能交通网络传感器和监测器收集的海量数据。

不到一小时，两人清楚地发现，韦恩是领导 DKS 新智能交通系统计划的理想人选。韦恩可以通过增加"建立 DKS 的新服务能力"来验证他的未来工作模式画布，并增强他"提供的收益"。

几天后，韦恩正式调职至 DKS 新计划。

现在，让我们在更广阔的有价值的工作市场中测试你的工作模式：此类有价值的工作处于你目前的职场或现有客户之外。在测试时，使用工作价值探索图来描述你的工作目的，以及它如何替客户解决问题、需求和趋势。在这个过程中，你会获得关于目标客户的其他信息，你可以将其添加到"工作价值探索图"中。

测试意味着要确定模式中的假设，然后从可以区分假设和事实的人那里获得反馈。反馈应当来自领域专家或潜在客户，而非朋友或家人。这个过程大致如下：

如何测试模式

企业家如何测试商业模式		职业人士如何测试工作模式
陈述假设	1	描述你想为谁提供收益，以及你的模式所解决的问题
测试"问题"假设	2	弄清楚他们是否真的面临着你的模式所解决的问题
测试"产品"假设	3	确认你的"收益"是否能真正解决这些问题
准备进行销售	4	提议合作

为什么要测试

连续创业者和创业大师史蒂夫·布兰克（Steve Blank）开发了一个强大的、可重复的流程，以确定客户需要并愿意付费的东西。这个过程很重要，因为许多公司（和失败的创业者）都是还没有真正地了解潜在客户，就先专注于开发和销售服务 / 产品。[16]

例如，当摩托罗拉并未确定潜在客户是否需要全球卫星移动电话系统时，就开发和推出了铱星服务，并为此损失了 50 亿美元（没错，是"十亿"级的损失）。同样，雷诺烟草在其 Premier 和 Eclipse 无烟香烟上损失了 4.5 亿美元。非吸烟者喜欢这个想法，但是客户（吸烟者）却根本不感兴趣。[17]

记住：像摩托罗拉和雷诺烟草一样，公司和创业者对问题和解决方案都会有自己的假设。但事实在客户那边！而且事实往往证明，我们需要修改我们的假设。

这就是为什么聪明的创业者会在行动之前彻底地测试和验证他们的商业模式。我们都应当以他们为榜样，检验我们的工作模式画布。

比如你要测试一个新软件程序的商业模式，可以按照上一页的图示这样进行。首先，陈述假设："招聘经理不得不向许多招聘平台提交招聘信息，然后跟踪所有回复，这让他们不堪重负。他们需要一个应用程序，能够同时向多家平台提交信息、自动跟踪回复，还能把所有信息都显示在方便查看的面板上。"

其次，测试"问题"假设，与潜在用户或专家交谈，看看招聘经理是否真的面临这样的问题（也许他们对此没有问题，或者他们已经用了你不知道的方法解决了问题）。

再次，测试"产品"假设，与专家交谈，看看你的应用程序，也就是你的"产品"是否真的能解决问题（也有可能解决不了）。

最后，准备进行销售，调整应用程序，克服异常或增加所需功能。

测试工作模式画布用到的逻辑是一样的，不过没这么复杂。测试工作模式画布，你需要：①描述你要向谁提供收益；②与客户或专家交谈，看看潜在客户是否真的面临你的模式所解决的问题；③确认你提供的收益是否真

的能解决这些问题；④提议合作。

测试的关键在于**根据收到的反馈采取行动**。例如，在上一页的第二步中，你可能会了解到，潜在客户并没有遇到你假设的问题。如果是这样，你就得回过头去修改"提供的收益"或"客户"。

即使潜在客户的确遇到了你假设的问题，你在第三步中也可能会发现你"提供的收益"并不能彻底解决这些问题，或是无法以客户喜欢的方式解决。所以，你又得回去修改模式以符合现实。

记住，一位受访者的意见只代表了一个数据。多位专家或潜在客户的类似意见才能表明市场观点，这就是为什么要和多人交流而不仅仅是和一两个人交流的重要性。不要遵循你的个人观点或某位专业人士的观点

当你的模式看起来符合市场现实了，你就可以尝试向客户"销售"（关于这方面的内容，稍后会介绍）。如果他们不买账，可以调整（重新开始）并修改你的模式，解决他们不买账的原因。经过如此往复，当客户"买账"

时，你的方案就被采用了。准备迎接其他新客户吧！

如果你修改后的工作模式画布不符合市场现实情况，但要修改到与现实匹配，需要创造一个你不喜欢或不感兴趣的工作模式画布，你该怎么办？

好吧，也许你需要更彻底地测试你的模式，比如：换个行业、找其他职能角色的人测试。也许是你的个人"品牌"无法引起共鸣，那就进行第 189 页所述的"适应性测试"。或者，你可能需要开发新的技能、在某个领域取得更好的成就。现实就是这样，市场很少付钱让我们去做我们想做的事情，而所有形式的工作，无论多么令人兴奋、有趣、能让人获得声望，都需要完成一些令人不愉快的任务。

把这条谨记在心，让我们看看下面这位女士是如何测试一个全新的"未来"模式的。

回收协调员

茜德测试她的模式

茜德·坎尼扎罗有一张特别的名片，上面有两个词常会引人发笑并对她工作产生好奇。

多年来，茜德一直喜欢与一位和她一样热衷于环境问题的朋友谈论垃圾和回收，两人笑称她们的讨论为"废话"（talkin' trash）。

但当茜德被裁员，离开熟悉的客服培训师工作时，她决定了，"废话"不应该仅是消遣，它应该成为她的天职。茜德发誓要找个专注于环境问题的工作。她称其为"能产生影响力的工作"。

茜德开始测试一个新的工作模式画布，重申自己的目标：帮助他人负责任地回收和处理废弃物。她的下一步是与别人见面并分享这个目标。

由于茜德没有任何回收和处理废弃物相关组织的关系，她做了一张令人难忘的两个字的名片，既定义了她的目标，又表达了她的个性："废话"（Talkin' Trash）。她在有关固体废物处理、绿色产品、共享循环等话题的活动上做了介绍，并引起了共鸣。

茜德坚持不懈地追求自己的目标，起初她在一个天然食品市场找了一份工作，这样她可以把一些关于回收利用的想法付诸实践。与此同时，她不断调整自己的模式，以回应行业专家的反馈。

然后有一天，她的理念引起了一个可持续发展市政工作组成员的共鸣。这使她获得了一份全职回收协调员的工作，这个工作就在离她家不远的城市。自那以后，茜德在多个组织担任一系列责任越来越大的角色，她一直以讲"废话"为生。

茜德

与谁接触以及该说什么

史蒂夫·布兰克所说的"走出大楼"（Getting out of the Building）与职业专家所说的"建立关系"（Networking），它们其实都是一个意思：与专家、潜在客户或能把你介绍给他们的人联系和会面，以了解你的模式是否可行。

有效测试的关键在于避免"推销"。你在会面时应当侧重于从客户的角度验证你的工作模式画布。正如史蒂夫·布兰克所说，不要试图向客户证明他们存在你认为的问题或机会！

> 温馨提示：
>
> 认真记下所有为你做过推荐的人，一定要感谢他们！

大多数专业人士都有兴趣与其他专业人士讨论。我们建议用电话联系。从经验来看，许多专业人士，尤其是年纪大一些的，更喜欢语音交流而不是在线问询：语音通话更温暖，催促感低，而且表明打电话的人更下功夫、更上心。但你要自己判断。任何年龄段的专业人士都可能喜欢用电子邮件或其他数字通信，具体要看行业或个人风格。

先从友善的人开始初次接触：与家人、朋友、同事、邻居、教会或专业协会成员以及你个人关系网中的其他人交流。告诉他们，你正在围绕新的目标重塑你的职业生涯。

问问他们是否认识其他对这些目标感兴趣的人。尽可能拿到更多的联系方式，这些新获得的姓名就是你的推荐人。

接下来，联系你的新推荐人。基本原则是通过"关系密切"的朋友或同事，或至少是熟人的熟人与之接触，避免"突然袭击"。

> 在你职业生涯中发生的每件好事都是缘于某个你认识的人。你不需要上网。你的下一个重大突破不会来自什么神秘的技术或新的信息。你的下一个重大突破将来自你认识的人。去认识人吧。
>
> ——德里克·西弗斯（Derek Sivers）

初次联系推荐人选时的脚本

初次联系推荐人选时的脚本：深吸一口气，拿起电话（或准备按"发送"），表达以下内容：

"你好，玛丽艾伦，我是艾尔莎·波蒂略。是莎莉·麦考密克介绍我来找你的。我是一名物流专业人士，热衷于在组织内部实施可持续发展实践的新方法。我知道你是这方面的专家，我很想了解一下你和你的公司是如何解决这个问题的。不知道你下周能不能腾出 20 分钟的时间，比如周二或周三的下午，一起喝个咖啡或在 Zoom 上聊聊？"

呼气，放松，等待答复。如果你说得真诚，你就会得到积极回应的。

如果对方听起来犹豫不决或是询问细节，告诉他们与你会面对他们有什么好处：

"我觉得你可以就这个问题提供一些见解，作为感谢，我很乐意分享一些独创的想法和我对可持续物流未来发展的看法。你下周二或周三下午晚些时候方便吗？"

如果她同意，就安排会面。如果不同意，请她介绍另外的推荐人选，感谢她抽出时间，然后继续。

就这么简单。许多人觉得这种电话很难打，甚至很痛苦。但如果你像这样打六个电话，就一定会有下文的。

与推荐人选会面

初次与推荐人选见面时，你会说什么？一个可靠的破冰方法就是从你们都认识的熟人谈起（"玛丽艾伦，听说你和莎莉是同学……"）但是寒暄要简短。记住，你只约了 20 分钟，所以要盯着点时间。

这里有一些提示，可以用来开启讨论，帮你开始了解受访者的个人或组织商业模式。

"请谈谈你是如何开始从事物流行业的，是什么让你加入了展望公司。""目前你是如何追求可持续物流发展目标的？"

"在可持续物流发展方面，谁和你有同样的问题和担忧？客户？供应商？监管机构？社区成员？""你是如何衡量经济影响的？"

如果你运气好的话，受访者可能会暗示甚至公开谈论某项要完成的工作、某个关键合作伙伴或组织的其他方面。如果是这样的话，问一些澄清性问题，重述受访者的信息，直到他们同意你的解释。要当场确认受访者的信息，因为之后你会集中精力准备一份与此人合作的提案，而不是重新思考其说过的话。

受访者可能还会问及你提供的收益或你模式的其他方面。

如果会面进展非常顺利，根据具体情况和你能提供的帮助范围，你可以当场建议合作。如果是这样，请准备好进一步讨论你能如何提供帮助。

如果你感觉用书面的方式传递合作提案更为妥帖，那就告诉受访者你对于如何帮助他有一些想法，希望他会同意你提交一份正式的提案。

对潜在客户（受访者）要达成的目标表现出浓厚兴趣，并把自己定位为能够成为其解决方案一部分的人，这会让你和潜在客户走得更近。

秘密问题

下面是一个秘密问题。它有着神奇的力量，能帮助我们从对话中获得深刻见解。重点是要在会面结束时问，而不是在会面期间问：

"关于……我还应该了解些什么？"

例如，在会面快结束时（见第 162 页），艾尔莎应当问玛丽艾伦：

"那么，对于在展望这样的公司里实施可持续物流实践，我还应该了解什么？"

为什么这个问题如此有力？大多数专业人士对自身经历过的职业挑战、机遇和职业生涯的高低起伏，都有着深刻的思考，他们也喜欢向别人分享这些想法。你只需发出邀请，并做一个真诚的倾听者即可，这些来之不易的独特经历，一定会让你有不一样的收获。

在会面结束前，请注意：

1. 说明并征询其对你提供的收益的反馈。
2. 请对方至少推荐一个会对这些收益感兴趣的新推荐人选，并允许在与该推荐人联系时使用受访者的名字。

每次会面结束后，将你模式中的假设与你新了解到的事实进行比较。

反思你学到的事情，并在你的"工作价值探索图"或者其他地方记下见解。经过几次这样的会面，你会清楚哪些假设需要调整。还有，记得给你的受访者发一封感谢信。

如果你的工作模式画布无法引起共鸣，怎么办？
当你分享你的模式时，听众是否会精神一振，坐得更直了？如果不是，可能有几个原因。

你的模式在情感上有说服力吗？如果不是，确保你使用的语言简单易懂，适合你所针对的专业环境。有时，好的文案会带来显著的影响。

你的模式是否解决了真正的经济问题或机遇？很少有组织会纯粹出于社会或政治原因而花钱。要明确或重新思考你的模式如何为客户带来经济效益。

你是自己模式的可靠支持者吗？客户能否相信你拥有实施模式所需的动力、业绩记录、专业知识和技能，即"关键资源"？如果你不确定潜在客户对你的看法，那就多问问（见第 99 页）。并学习下一章个人品牌建设的内容。

财务 "管道工"

简·金梅尔是一位拥有物理学学位、经验丰富的职业女性，被裁员后，她决定在她的新模式里将财务和运营融于一体。"这两个领域很少结合到一起，"简说，"但它们应该结合。"可惜，她新定义的目标没有引起见多识广的受访者的共鸣。因此，简做了一个令人难忘的"电梯演讲"。

我是一名财务管道工。我能找出公司财务系统中的漏洞和堵塞，并与运营部门合作进行必要的修复，保持利润的流动。

简的比喻可能听起来很老套，但它却在新晋制造业人士中产生了共鸣。简接受了一家高精度制造商的全职工作，这份工作融合了财务和运营。

你已经找到并会见了一些来自优秀组织的受访人，其中一些人说不定会成为好的客户。如果你已经准备好进行销售，并且想把某个特定组织获取为你的客户，建议采取以下步骤：

1. 研究该组织，绘制其商业模式画布，直观地展示你与该模式的适配程度以及如何为其做出贡献。
2. 安排与决策者面谈。
3. 提出帮助该组织的特定项目或计划。

调查潜在客户的方法包括参加展会或行业活动、与专家或分析师交谈、拜访"邻近"行业的组织以及阅读潜在客户所在领域的出版物。你的目标是把自己放在潜在客户的位置上，学会从他们的角度来看待世界和自己。

记住，每次与新受访人交谈时，都要问这个"秘密"问题！

如何获得 "内幕" 数据

我们来关注一下你的秘密武器之一：你所拥有的识别、描述和分析商业模式的能力。了解一个潜在客户的最佳方式，莫过于描绘出其商业模式。

如果你的潜在客户在美国证券市场上市，并且需要向美国证券交易委员会（SEC）提交文件，那就去查询 EDGAR 数据库，这是一种免费的公共资源，通常只有投资者、MBA 和精明的商人才知道。你将发现关于你的潜在客户的大量财务和战略信息。

通过增加、删除或移动各个模块的信息，绘制出你一两个潜在客户的商业模式，然后进行测试。

尽量简明扼要地定义他们的价值主张，并找出哪些模块会包含 "痛点"。想象一下他们可能面临的竞争压力，他们能否通过改变其商业模式元素做出有效应对？（顺带说一句，他们的竞争对手可能也是很好的潜在客户。）

财务必然是一个 "痛点"：大多数公司都渴望增加收入或降低成本。如果该组织雇用了你，你提供的收益将为它带来哪些积极的经济影响？试着把它们量化一下。

你可以先定义一项潜在客户需要完成的重要工作。然后倒推：什么样的收益可以帮助客户完成这项工作？你能开展哪些关键活动以对价值主张做出贡献？你是否具备必要的资源？如果没有，你能否寻求关键伙伴的帮助？你能否向客户展示外部力量如何影响他们商业模式的？如果能，你能否帮他们进行调整？现在，是时候为潜在客户和你自己释放商业模式思维的力量了。

你的目标是与潜在客户组织的决策者会面，并向其推销你的工作模式画布。运用社交能力与潜在客户确认时间，在这次会面中，你要尤其注意展示你的模式中有哪些方面能帮到你的潜在客户。你提议的目标是为客户工作。如果受访者拒绝了你的提议，你可以 "调整" 并重新审视你的模式。

如果你的人际网络还没有形成，可以通过热情的推荐者来与决策者取得联系。

到目前为止，你应该对你的目标行业足够熟悉了，再多联络联络，以便建立更丰富的网络。

另外，也可以在没有介绍的情况下，直接大胆地接近决策者，这取决于所涉及的行业或决策者性格。

在与决策者联系时，你可以这样说："我认为您有一个很重要的机会去……我有一些具体的想法，您可能会觉得很有效。我们能谈一谈吗?"

如果到目前为止你一直都遵循了测试商业模式的原则，那你很有可能会受到热情的接待。

赢得约见的行为
无论你决定如何接近决策者，全美销售协会（National Sales Executive Association）的研究结果也许会改变你的行为：

· 2% 的销售是在初次接触时完成的。
· 3% 在第二次接触时。
· 5% 在第三次接触时。
· 10% 在第四次接触时。
· 80% 的销售是在第 12 次接触时完成的。

不要因为你第二次、第三次或第四次尝试没有结果就放弃。坚持下去就能成功约见。

当你与决策者会面时，概述你对"要完成的工作"的理解，然后请受访者进行确认或修正。如果你的理解是正确的，受访者可能会说："你建议我们应该如何解决这个问题?"这就是你想听的!

另外，如果你的理解不完全准确，受访者可能会详细说明他们组织面临的真正问题或机会。无论会面进展如何，不要偏离你的目标：提出帮助。

根据当时情况以及场合的正式程度，你可以提出口头或书面提案。

如果受访者同意你提交书面提案，请承诺在一周或一周以内交付。然后感谢受访者并优雅地离开。记得随后要发一封简短的"感谢"邮件，并确认：①你的提案是经过同意的;②你将何时交付。

如果受访者拒绝了你提议的帮助，那就去联系其他潜在客户。如果多个潜在客户拒绝你

的提议，可能就是时候"转向"并修改你的工作模式画布以更好地满足客户的需求了。

一页式提案
决策者都喜欢简明扼要，所以把你的提案总结成一页纸，会更有说服力。要注意：即便是一页式概述也必须表现出你准备了细节，可以稍后当面或是用更长的文件呈现。

"转向"是对未能向潜在客户推销成功的适当反应。它是指通过修改一个或多个模块的元素来提高你工作模式画布的可行性。例如，也许你决定像茜德那样去寻找全新的客户（见第 160 页）。或者，也许你决定像菲尔一样修改你的渠道（见第 134 页）。不过，你可能需要重新考虑多个模块，就像丹尼斯在下一页案例中所做的。

"转向"让你返回去修改"未来"模式，然后你会再次开始与潜在客户会面的过程，不过这次是带着更新后的假设。当你觉得准备好推销你的新模式时，要有信心。

你要相信，你会成功赢得客户的!

软件技术员

你应该成为自由职业者吗?

丹尼斯

丹尼斯·谢是戴尔公司的一名软件技术员,他被日益增长的工作压力所困扰。因此,当公司业绩下滑并提供提前退休方案时,他接受了。

丹尼斯喜欢当一名专业技术人员,并以经营一家电脑零售店为基础设计了一个工作模式画布。他立即拜访了一位有经验的中间商,测试他的新模式,中间商建议他:①审查待售电脑店的财务状况;②进行个人性格评估。

这两样丹尼斯都做了,并发现:①电脑店属于低利润、高周转的业务,整体盈利能力差;②他缺乏为消费者服务的性格,更适合做幕后技术工作,避免承担和人打交道的责任。

因此,丹尼斯调整了方向,改变了他的工作模式画布,从面向消费者转向面向企业客户。

很快,一个机会出现了:有一家规模不大的公司,主要销售、维修、校准和认证各种商业承重器,营业范围包含邮资计量器、为卡车和飞机称重的重型设备等。这家公司满足了丹尼斯的需求,让他能够发挥技术优势,减少与技术不成熟的客户直接接触,在压力最小的情况下过上良好、独立的生活。

丹尼斯买下了这家公司,很开心地成为一名企业家。不必再西装革履,每天就穿着短裤和 T 恤工作。

如果客户雇用了你,无论是什么职位,你就已经验证了你的工作模式画布。如果你是一名员工,你已经找到了你需要的关键客户。如果你是一位创业者或承包商,你已经获得了一个新客户。你的新工作模式画布已经启航了。恭喜!

数据分析师

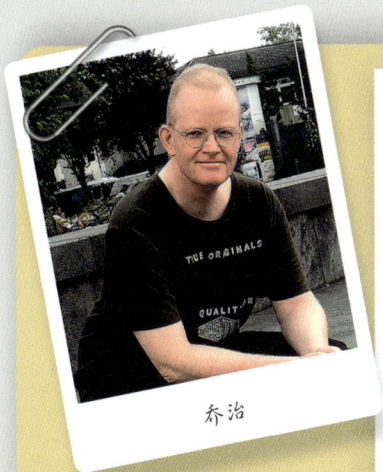

乔治

"劣势"变成超能力

朱莉娅·萨曼是汉堡的一位职业顾问和教练，曾接受过工作模式画布的培训，她为自己能引领人们走向她所说的职业"新国度"而感到自豪。但在与新客户乔治第一次会面时，他出乎意料的坦白让朱莉娅感到惊讶。

"我是孤独症患者，"乔治说，"我患有阿斯伯格综合征。"

朱莉娅对阿斯伯格综合征并不熟悉，但她注意到乔治有一些不寻常的习惯，比如上课时避免目光接触。尽管如此，她还是挺喜欢乔治的，并对他敏锐的洞察力印象深刻，因此她决定不做任何关于阿斯伯格综合征的背景研究。她说："我觉得这可能会影响我的辅导方式。"

朱莉娅

在第二次辅导课上，朱莉娅开始了解阿斯伯格综合征是如何影响乔治的工作风格、兴趣和能力的。患有阿斯伯格症的人都有独特的个性和特点，他们的共同之处往往是高度专业化的兴趣，以及在社会交往和理解非语言沟通方面的挑战，这些都会成为就业障碍。

但是，乔治曾作为一名经验丰富的数据分析师在一家咨询公司任职。只是因为他的雇主破产而失去了工作。在寻找新工作时，乔治找不到符合他性格和独特技能的工作。于是他决定自己创业。

作为实现这个目标的第一步，朱莉娅让乔治描述了他的"现状"工作模式画布。然后他们立即发现，乔治在他的**你是谁**模块里把阿斯伯格综合征视为一个严重的劣势。

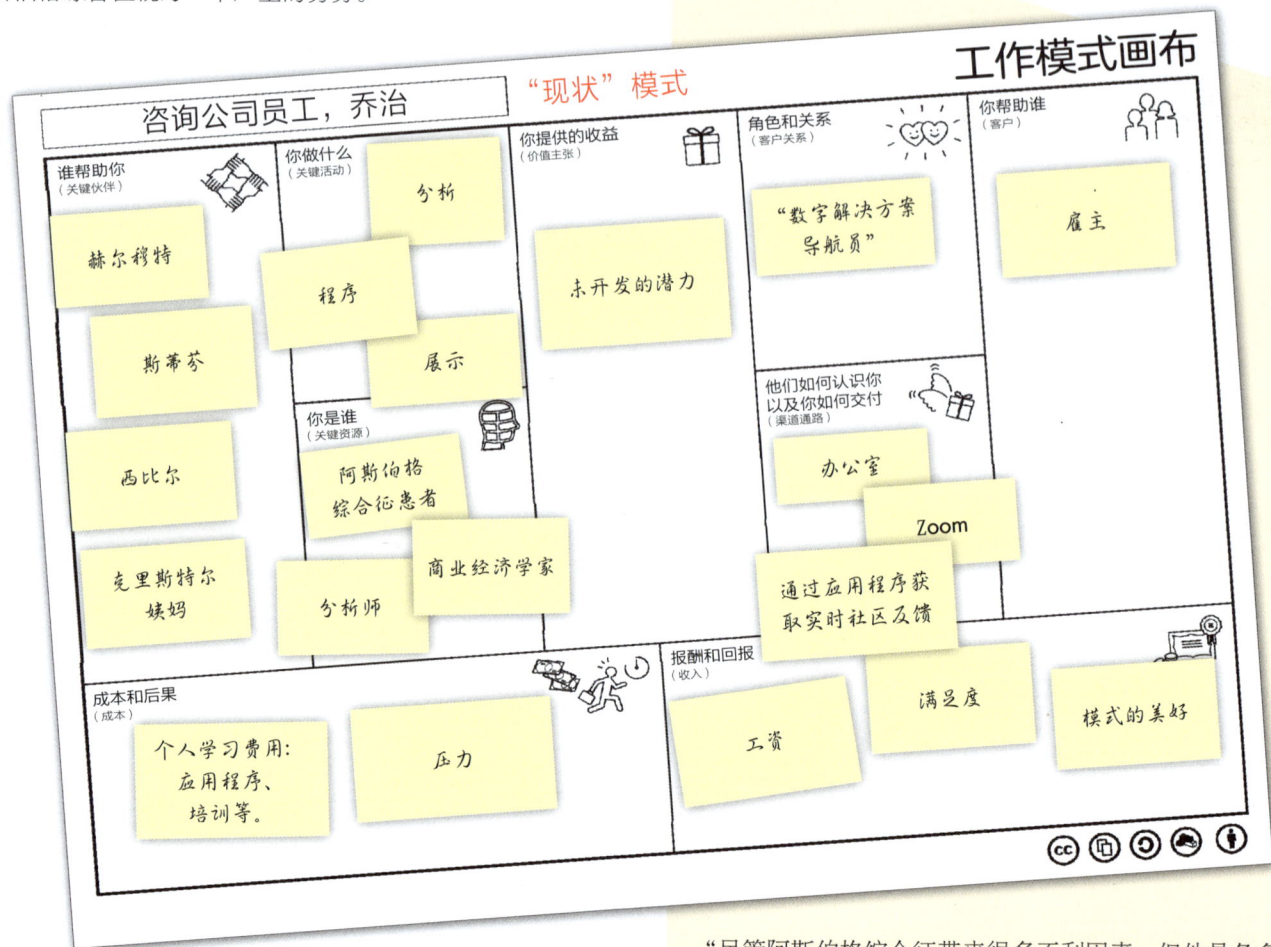

工作模式画布

咨询公司员工，乔治　　　"现状"模式

谁帮助你（关键伙伴）
- 赫尔穆特
- 斯蒂芬
- 西比尔
- 克里斯特尔姨妈

你做什么（关键活动）
- 分析
- 程序
- 展示

你是谁（关键资源）
- 阿斯伯格综合征患者
- 商业经济学家
- 分析师

你提供的收益（价值主张）
- 未开发的潜力

角色和关系（客户关系）
- "数字解决方案导航员"

他们如何认识你以及你如何交付（渠道通路）
- 办公室
- Zoom
- 通过应用程序获取实时社区反馈

你帮助谁（客户）
- 雇主

成本和后果（成本）
- 个人学习费用：应用程序、培训等。
- 压力

报酬和回报（收入）
- 工资
- 满足度
- 模式的美好

"尽管阿斯伯格综合征带来很多不利因素，但他具备多样的技能，在多个领域拥有出色的专业知识，包括了数据驱动型决策。"朱莉娅说，"他很快就成了我最喜欢的客户之一。"

在他们的下一次课上，朱莉娅让乔治定义他的"超能力"，以及他将如何"用它来征服世界"。乔治把"设计结构"的能力定为自己的超能力。事实上，阿斯伯格综合征患者常常表现出在数学、音乐、数据分析或其他特定领域的天赋。随着朱莉娅和乔治对他的你是谁模块不断地深入探索，乔治意识到，正是阿斯伯格综合征激发了他设计、捕捉和分析数据框架的非凡能力。乔治第一次认识到，他的孤独症其实是用来为客户创造价值的秘密武器。正如他所说："作为一名阿斯伯格孤独症患者，我既需要结构，也能给出结构。"

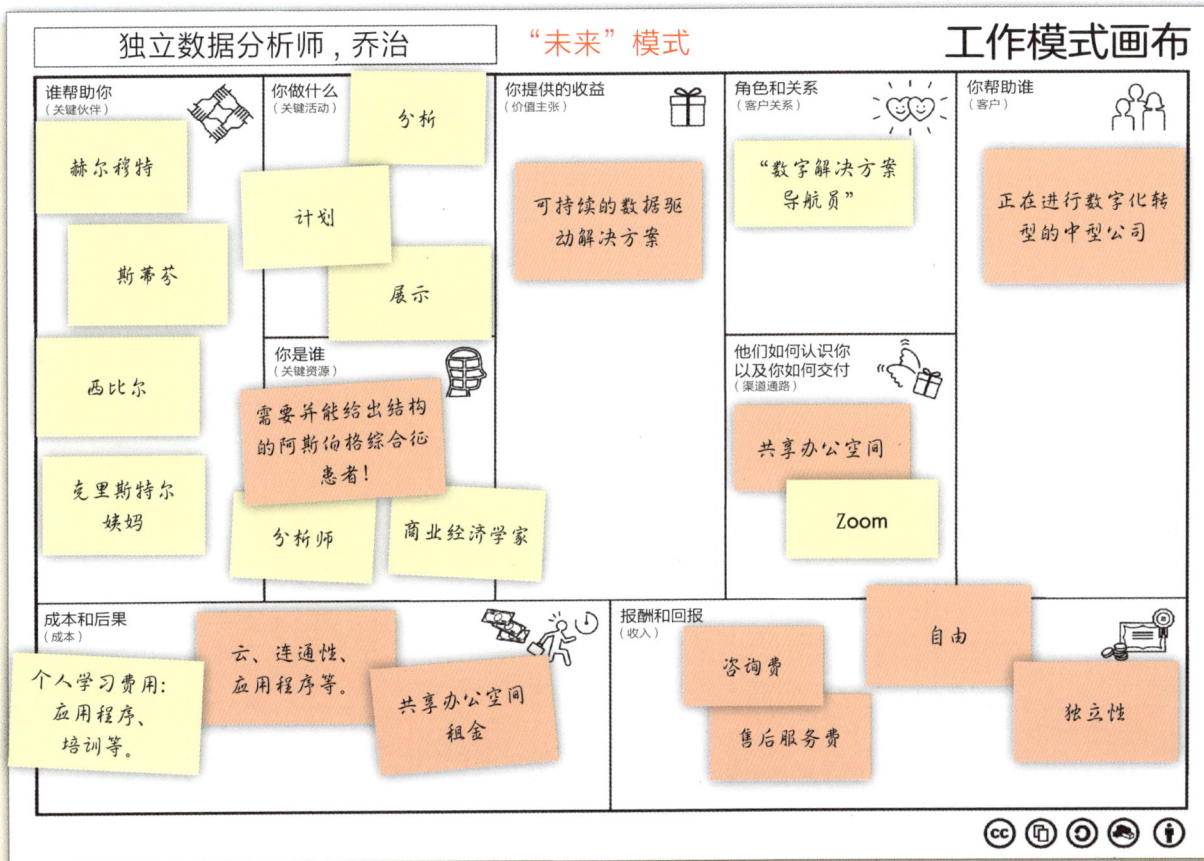

独立数据分析师，乔治	"未来"模式		工作模式画布

谁帮助你（关键伙伴）
- 赫尔穆特
- 斯蒂芬
- 西比尔
- 克里斯特尔姨妈

你做什么（关键活动）
- 分析
- 计划
- 展示

你是谁（关键资源）
- 需要并能给出结构的阿斯伯格综合征患者！
- 分析师
- 商业经济学家

你提供的收益（价值主张）
- 可持续的数据驱动解决方案

角色和关系（客户关系）
- "数字解决方案导航员"

他们如何认识你以及他们如何交付（渠道通路）
- 共享办公空间
- Zoom

你帮助谁（客户）
- 正在进行数字化转型的中型公司

成本和后果（成本）
- 个人学习费用：应用程序、培训等。
- 云、连通性、应用程序等。
- 共享办公空间租金

报酬和回报（收入）
- 咨询费
- 售后服务费
- 自由
- 独立性

"无论我在做什么类型的工作，只要能在结构内运作，我就处于最佳状态，"乔治说，"工作模式画布非常适合像我这样的人。它提供了一种明确的方法来确定和构建我的专业知识。"

结构对于孤独症患者很重要，他们通常更喜欢具体、直观的学习方法。朱莉娅也认为，把商业或服务模式作为"第三物流"是指导客户或为组织提供咨询的理想方式。

仅仅和朱莉娅上了四次课之后，乔治就能够明确定义他的职业"新国度"了。

"作为数字解决方案导航员，我能帮助中型公司通过构建复杂的数据集并应用现代算法来挖掘其含义，从而将其数字资产货币化。"

六周后，乔治获得了他的第一个客户。

> 如果你遇到过一个患有孤独症的人，那你就是遇到了一个普通人，只是他患有孤独症而已。
>
> ——斯蒂芬·肖尔博士
> （Dr. Stephen Shore）

现在就辅导你自己！

1　我是否了解自己在组织中的价值以及被替换的财务成本？

2　我是否有足够的勇气承受接触陌生人所带来的不适？如果没有，我怎样才能克服这种恐惧？

3　在测试时，我是否认识到应当先接触不太重要的联系人，以便在接触更重要的联系人之前能够适应？

4　在测试时，我只是在提出问题，还是也分享了我的观点？尤其在受访者相关的问题、需求和趋势方面。

5　我是否对受访者进行了跟进，并表示感谢，以确保他们清楚这些意见对我的价值？我不能想当然地认为他们知道自己帮了我很大的忙。

现在，是时候学习一种强大的方法来定位自己，赢得更令人满意的工作了。准备好打造你的个人品牌吧！

第 7 章

个人品牌打造与
自我推广

选择你
的理由

每个人都想吸引更多的机会，这就需要向人们展示为什么他们应当选择你。

要做到这一点，我们需要创造并提出明确且有说服力的价值许诺，并且让人们相信它。就像职业足球运动员史蒂夫·杨曾经说过：认知即现实！如果别人认为你很优秀，那你就是很优秀，因为这就是别人心中的真相。

在本章中，你将学习如何积极地影响别人，让他们选择你。实现这一点的有效秘诀就是打造个人品牌。

打造个人品牌可以借鉴传统品牌的打造原则，因此让我们先来了解一下品牌的作用，先从一瓶葡萄酒开始吧！

什么是品牌？

右页的这张照片中，一位购物者正要从货架上挑选一瓶葡萄酒。是什么决定了她会具体买哪一瓶酒？标签设计、颜色和图案会引发一些情绪共鸣，葡萄酒商的故事、产地的风土描述、搭配食物的建议、酒精含量等因素也会吸引顾客。酒的价位也是一个考虑因素。这瓶酒正在竭力说服潜在买家选择它。

为什么每瓶酒都这么努力说服买家选择它？

因为，同一货架上有许多瓶葡萄酒在竞争，因此差异化很重要。但最大的原因在于，无论是哪瓶酒，买家都无法预先评估其真正的口味和品质。因此，买家必须提前"信任"某瓶酒。

类似的逻辑也适用于职场人士。我们往往需要赢得对我们知之甚少甚至一无所知的人的信任。

我们需要在见面前就对他施加影响，怎样才能做到这一点呢？通过创建强大的个人品牌！

个人品牌可以增强你的工作模式

并不是每个员工都需要个人品牌。但拥有个人品牌可以增强你的工作模式画布，因为它会把你和那些拥有教练、营销顾问、项目经理或客户经理等通用头衔的人区分开。这些头衔类似于玉米、石油或天然气等商品的类别。使用通用头衔的专业人士可能会很好地完成工作，但是他们也容易被认为没有差异化、没有明确价值或需求。事实上，技术不如他们的人常常会得到更好的机会，甚至获得更高的报酬！

作为一名"普通"的专业人员，你必须在与销售相关的关键活动上多投入，才能抓住每个机会。但是销售的失败率很高，没人喜欢被"推销"东西，尤其是在他们觉得没有迫切需要的时候。例如，你有没有毛遂自荐给某人发过简历？结果如何？你要把打造个人品牌视为能被提前"购买"的秘诀。

适用于销售的原则也同样适用于品牌打造：比如，吹嘘。很多人认为打造个人品牌就是吹嘘自己的成就。但真的有人喜欢自我吹嘘的人吗？不。吹嘘自己会引发他人的负面情绪，它不会让任何人因此而变得与众不同，也不会让他们被认为是有价值和受欢迎的人。

拥有良好的个人品牌也不同于仅仅拥有一个好的职业声誉，而是远胜于此！拥有好声誉表示你被认为是个合格的税务顾问或财务经理，表示你能够胜任某项具体任务，可以被信任。但是拥有强大的个人品牌意味着你会被认为是这项工作的不二人选，即便是没见过你的人也会这么想。这表示你不但与客户需求相关，而且在客户眼中是可靠的。

你可以把个人品牌看作一种额外的关键资源，能够增强你的整个工作模式。在后面几页中，你可以思考一下强大的个人品牌是如何增强其他模块，并使你的工作模式更容易实现的。

客户细分
（你帮助谁）

如第 160 页茜德的案例所示，你的个人品牌所传递出的稳定价值观和性格特征，会吸引一批同样认可此价值观的客户，这样就节省了获得新机会的时间、麻烦和成本。

价值主张
（你提供的收益）

强大的个人品牌可以明确并放大你提供的收益，让你脱颖而出，吸引潜在客户。你的品牌还包含了情感和社会价值，让人们在选择你时感到安心。例如，艾玛是一位建筑师和土木工程师，热爱园艺，因她所用的易于维护和可持续的园艺方法在当地很出名。艾玛很快成为别墅业主的"首选"，他们希望在尽量减少维护的同时又能炫耀自己的花园。

客户关系
（角色和关系）

强大的个人品牌可以将你与客户从"推"的关系（你得去主动争取客户）转变为"拉"的关系（你自然而然从中得到机会）。好的品牌会把你塑造成一个理想的角色：成为某个特定领域或组织中的"首选"人士。还记得第 86 页的埃里克吗？在调整工作模式之前，内部客户和外部客户都认为埃里克是 EPIC 软件的安装专家。事实上，如此受欢迎反而引发了与调整前角色的冲突，这种冲突催生出新的角色和新的个人品牌。

收入（报酬和回报）

清晰、强大的个人品牌有一个关键好处：你能赢得更多对你真正重要的工作，从而又会给你带来更多个人成就感、更高的报酬。例如，31 岁的约翰娜是一名德英翻译自由职业者，她一直缺乏个人品牌策略，当她对按字数收费的普通翻译工作感到厌倦时，她借助自己拥有的人力资源管理研究生学位，把自己打造成"人才招聘翻译专家"，并很快就接到了两家大公司人力资源部的工作。事实证明，这项新工作对约翰娜来说，无论是在个人成就感还是经济回报上都更好。

关键伙伴
（谁帮助你）

当你拥有一个强大的个人品牌，那些认同你的价值观并欣赏你风格的人就会愿意与你合作。这会使合作更为坚固、有效。例如，36 岁的保拉是一名业余表演艺术家，曾在一家大型活动制作公司工作，并为几个分包商做布景设计的工作。在她加入新的制作公司并担任活动总监后，曾与分包商合作的丰富经验，以及作为艺术家和布景设计师的背景，使她成为能与关键伙伴打交道的最完美的联络人。

成本（成本和后果）

强大的个人品牌可以降低销售成本，避免在错误的渠道上浪费资源。例如，全球最大能源公司之一的创始人兼首席执行官经常为采访和活动邀请所困扰。当他的新个人品牌战略使他的团队能够将邀请过滤到一个合适的数量时，就会让他感到非常高兴，所有的邀请都将经过预审，使他可以专注于可持续发展核心理念的分享。

那么，你如何在你的工作模式中创造这种强大的新关键资源？第一步是要识别你能用来打动合适的人（即你的受众）的所有要素。确定后，你就可以定义你的个人品牌，并制定策略将这个品牌传达给你的受众。

个人品牌画布

下面介绍一个专门用来构建个人品牌的可视化工具："个人品牌画布"（The Personal Brand Canvas）。[18] 这个一页纸工具是由路易吉·森特纳罗设计的，当时他受本书第一版的启发。这个工具包含了建立个人品牌所需的所有模块，那么现在就开始了解这个工具。

先在画布上贴上便签。更好的办法是去个人画布的官方网站上免费下载 PDF 版个人品牌画布，打印出一个超大版本，这样你就可以在家完成了。放心：你的工作模式画布已经包含了你将要用到的大部分素材。

受众：让谁认识你

从个人品牌最基本的模块开始：受众。谨记：打造个人品牌不是为了盲目出名！而是在能帮助你实现目标的特定受众中有名。

这些目标受众，就是你需要影响的人。他们可能是用户、客户、选民、同事、**关键伙伴**或其他利益相关方。你的受众也可能包括影响这些利益相关方的人。

一旦定义清楚你的受众，就可以利用"杠杆"来推动你的个人品牌了。先看右页中左边的大圆，它代表了你自己，包括四个重要组成部分：职业、能力、身份和被人信任的理由。

职业：你做什么和怎么做

如果你要为当前的角色打造品牌，那就根据它填写。如果你在寻找一个新的角色，请根据你想要的角色填写职业模块。无论你属于哪种情况，请尽可能清晰地描述你的职业。包括你的职称、角色和具体职责。

接下来，具体描述你是如何工作的，也就是你的专业方法。它是你工作模式的精髓，因为你会把它介绍给别人。例如，在你的专业领域，如果你会使用特定的方法，或多学科技能组合，可以试着用"创新"或"不拘一格"等词来描述自己。但要记得具体解释你是如何创新或不拘一格的。还记得在第169 页的案例中，乔治将自己重新塑造为"数字解决方案导航员"吗？他的新角色是帮助中型公司用一种特定的方法使组织数字资产货币化：即构建复杂的数据集并应用现代算法来挖掘其含义。

有些人在描述自己的职业时会难以下笔。比如，他们的雇主可能会使用模糊、令人困惑的职称，甚至就没有明确的职称。如果你写不出容易让受众理解的职称，那就用简单的词语解释一下你的角色。经历过这样的练习，你可以向上级提议使用更有效的新职称。

个人品牌画布

目标：即你为什么想要建立个人品牌

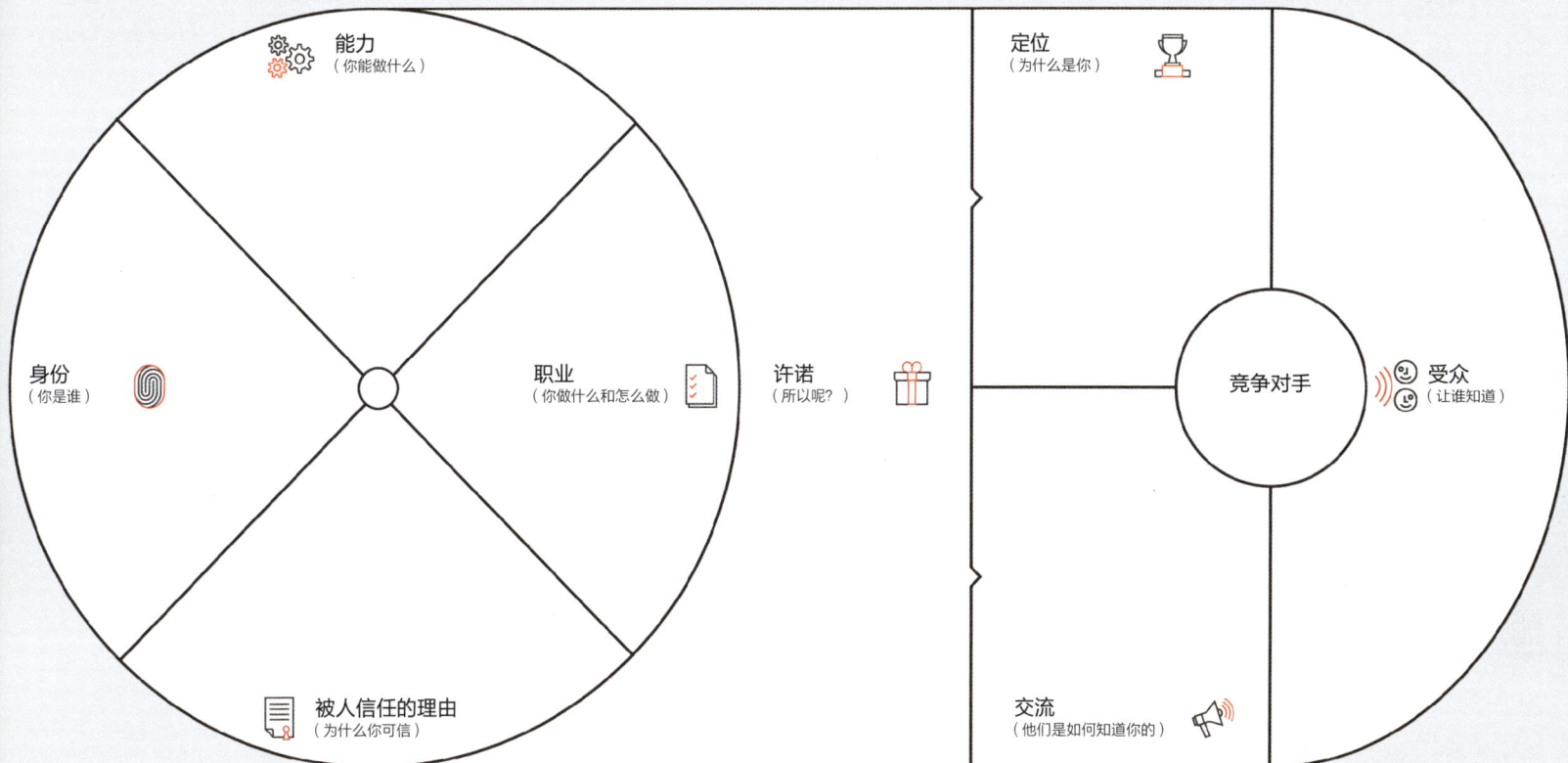

能力
（你能做什么）

定位
（为什么是你）

身份
（你是谁）

职业
（你做什么和怎么做）

许诺
（所以呢?）

竞争对手

受众
（让谁知道）

被人信任的理由
（为什么你可信）

交流
（他们是如何知道你的）

能力：你能做什么

现在是时候展示你的能力了。在能力（Competence）模块列出对你的受众真正重要且与他们相关的内容。能力可以包括工作模式画布中关键资源的相关信息，例如技能、才干、受过的培训和专业领域的知识。要写具体并保证：只罗列能给受众留下正面印象的信息。忽略常规能力，如"同理心强""善于倾听"或"擅长 Excel"，除非你的角色特别需要它，并且你在这项能力上优势明显。

辨别出能力模块可能会有点难。第 110~113 页中"生命线探索"是一个了解能力的好工具。StrengthsFinder 等在线评估工具也很有用。

身份：你是谁

在个人品牌策略中，身份可能是最重要的因素：它定义了你在受众眼中的独特之处，使你不同于从事类似工作的其他人。

身份模块也是你表现亲和力和同理心的地方。记住，个人品牌的根基在于真实。真实是至关重要的，这不光是出于显而易见的道德原因，还因为它能帮助你避免吸引到错误的人和职业机会！

例如，安吉拉是一名金融专业的毕业生，学习成绩优异。保险起见，她在简历中称自己"非常热爱会计"。她很快在一家商业银行找到了工作，但几个月后，她意识到为了找到一份"安全"的工作，她忽视了自己对博彩行业的浓厚兴趣。她后来参加了个人品牌工作坊，并对培训师开玩笑说："对一名会计来说，不对自己负责是愚蠢的会计行为！"

有些人淡化了真实的重要性，他们自己心想："我的个人价值观不一定要和商业角色一致，对吧？"这并不对！试图隐瞒你的真实身份比以往任何时候都更危险：在这个到处都能联网的世界里，只需鼠标点击几下，任何人都能揭开真相。

更重要的是，真实对于人与人的情感链接、忠诚度的建立至关重要。俗话说，物以类聚，我们会被与我们相似的人吸引。你在交流时越明确真诚，你就越能与你的听众找到共同点。无论你是打算给陌生人留下深刻印象，以吸引新的机会，还是想改变熟人对你的看法，真实都适用。**我们都钦佩能干的人，并喜欢与之打交道，但我们最看重的是可信度，真诚的人才有可信度！**

所以，你可以列出你的性格特征、文化传统、价值观和兴趣等要素：这些都会使你的身份更为鲜明，提高你的真实性。其中部分要素可能已经列在你的工作模式画布的关键资源模块了。

同时也要考虑到，我们喜欢为了共同目标而一起合作的人。所以，列出你的抱负、信念以及你相信或支持的事业。同样，我们的竞争对手会定义我们不喜欢什么。

> 最让人筋疲力尽的事情就是伪装。
> ——安妮·莫罗·林德伯格
> （Anne Morrow Lindbergh）

俗话说，敌人的敌人就是朋友。所以，不妨添加一些关于你的个性或个人理念信息，比如不喜欢的东西、你反对的人或想法。

有效激励他人的两个维度分别是：

第一，专业视角。你能否清楚地表达对职业或行业未来的看法？未来和愿景是领导力的源泉。人们更喜欢与拥有专业观点且有趣的人打交道。

第二，目的。你的目的是什么？是什么最终推动了你的行动并为你的工作模式画布提供动力？正如西蒙·西内克的（Simon Sinek）畅销书《从为什么开始》中说的那样，人们对你所做的事情（what）不那么感兴趣，但非常在意你为什么（why）要这么做。例如，米莲娜是一家意大利大型银行的财富顾问，她专门研究成功女性企业家的需求。米莲娜的"目的"体现在她的座右铭"少理财，多做人生规划"中，即利用财富教育和规划帮助这些女性获得经济独立。

📜 被人信任的理由：为什么你可信

该关注下一个模块了：信任的理由。

换句话说，拿出证据给他们看！

这个模块是你建立信誉和让他人产生信任的地方。罗伯特·恰尔蒂尼（Robert Cladini）曾指出：人们通过观察他人的行为来决定自己的行为，尤其是在感到不确定时。他们倾向于听从可靠的知识专家的领导。

这意味着你应当列出可验证的事实，比如专业经验、工作内容、专业成果、获得的职称或赢得的奖励、著名专业人士的推荐或背书、文凭、学术角色或学术认可、证书、实习经历、协会成员、志愿工作经历、国籍、国外经验、出版作品，等等。54 岁的埃米利奥是索伦托的一名房地产经纪人。在这个因兼职经纪人频繁加入退出而声名狼藉的行业，他用一个令人惊讶的话题树立了自己的信誉，他说："这个手机号码我从 1997 年用到了现在。"

🎁 许诺：所以呢？

你已经确定了激活你个人品牌的杠杆。现在是时候确定你对受众的许诺了，即你交付价值的许诺。

想想星巴克或麦当劳。无论你是不是这些品牌的粉丝，只要你看到它们的 Logo，你就会清楚地知道这些公司的许诺以及能带给你的好处。即使你从没走进过星巴克或麦当劳，也清楚这一点！

同样，作为个人品牌，你的工作是确保受众能清楚地描绘出你的价值许诺，并发现它的意义和重要性。你的许诺将告诉他们你是那个能完成任务的人。

明确你的许诺：把你工作模式画布的价值主张（即你提供的收益）中与受众相关的信息都添加到这个模块中。当然，也包含情感和社会效益方面。

把他们为什么应该选择你的其他理由也加进来。例如，杰西卡是一位 28 岁的社交媒体经理，在巴黎一家现代化、精通数字技术的时尚公司工作。她在网上颇有影响力，后来被另一家较为传统的时尚公司聘用，这家公司需要重振品牌。杰西卡的新雇主希望年轻人把这里视为理想的工作场所，他们高度评价了杰西卡作为年轻、机智、有目标的品牌宣传者的能力。

我们来看看个人品牌画布的右半部分，特别是定位（你的差异化特点）和交流（你吸引受众的方式）模块。它们可以帮助你设计出独特的品牌行动。首先，请描述你的竞争对手。

竞争对手

很多职场人认为他们没有竞争对手。这种想法很常见，这些人更专注于自己，很少关注他人。但是，你的受众很有可能正在关注其他人！每个人都会面临竞争，它可能是刚离开你老板或客户的办公室的那个人，或者是在你面试前刚离开招聘经理办公室的那个人！

谁是你的竞争对手？他们是积极努力以期赢得与你相同机会的人，或和你一样希望打动相同受众的人。这就是为什么"竞争对手"模块位于个人品牌画布"受众"和"定位"模块之间。

在"竞争对手"模块中列出你最大的竞争对手。如果你不知道具体的名字，写下合适的职称或角色也可。要了解从事类似工作的人与你有何不同，可以研究领英等社交网络平台或个人网站。

🏆 定位：为什么是你

是时候通过个人品牌画布的定位模块来确保你的不同凡响、与众不同。

这里要回答一个关键问题，为什么是你？为什么你的受众会选择你而不是你的竞争对手？你会成为背景噪声的一部分，还是与众不同的一位？定位关系到你如何将自己与他人、与竞争对手区分开，实际上也关系到与他人相比，受众对你的看法。

许多第一次使用个人品牌画布的人都为"定位"苦苦挣扎。他们不是列出差异之处，而是从与竞争对手的相同之处开始。大部分人自然而然地会倾向于列出与大多数人一样的信息。这样的定位让他们有安全感，就像置身一个能抓住最多机会的地方。

但是，这种"置身人群"的平庸做法有悖于顾客诉求，因为客户寻找的是：准确满足重要需求的东西。

一种常见的错误就是"单人乐队"做法：我什么都会一点。但俗话说，一知半解最危险。当我们把自己定位为擅长很多事情时，事实上我们会给人一种印象，我们什么都不擅长！即使我们真的擅长很多事情，从受众的角度看，这听起来完全不像真的。但是，能提供具体的、可靠的、多学科的解决方案，从而更快、更好或更有效地完成工作，就是另一码事了。

另一种常见的错误是将"激情"作为一种特色进行宣传，就好像其他竞争对手不会说自己有激情一样。其他通用的、不能有效定位你的描述，还包括"有同理心""善于倾听""团队精神"，等等。

好消息是，你最强大的差异因素应该已经列在其他画布模块中了。如果你正确地绘制了画布，你只需要从下页的六个模块中选出最相关、最可信和最重要的要素就行了。

在讨论模块前，我们来看一个首次使用个人品牌画布的专业人士的案例。

身份
（你是谁）

列出你在受众眼中真正与众不同的地方，包括你所相信的、对你影响的一切特别的或鼓舞人心的信息。例如，你的目标、你的专业观点，以及你独特的传统和经历。

能力
（你能做什么）

阐述一下你所拥有的知识或能做得特别好的事情。

职业
（你做什么和怎么做）

详述你独特的专业方法和你所做工作的独特之处。

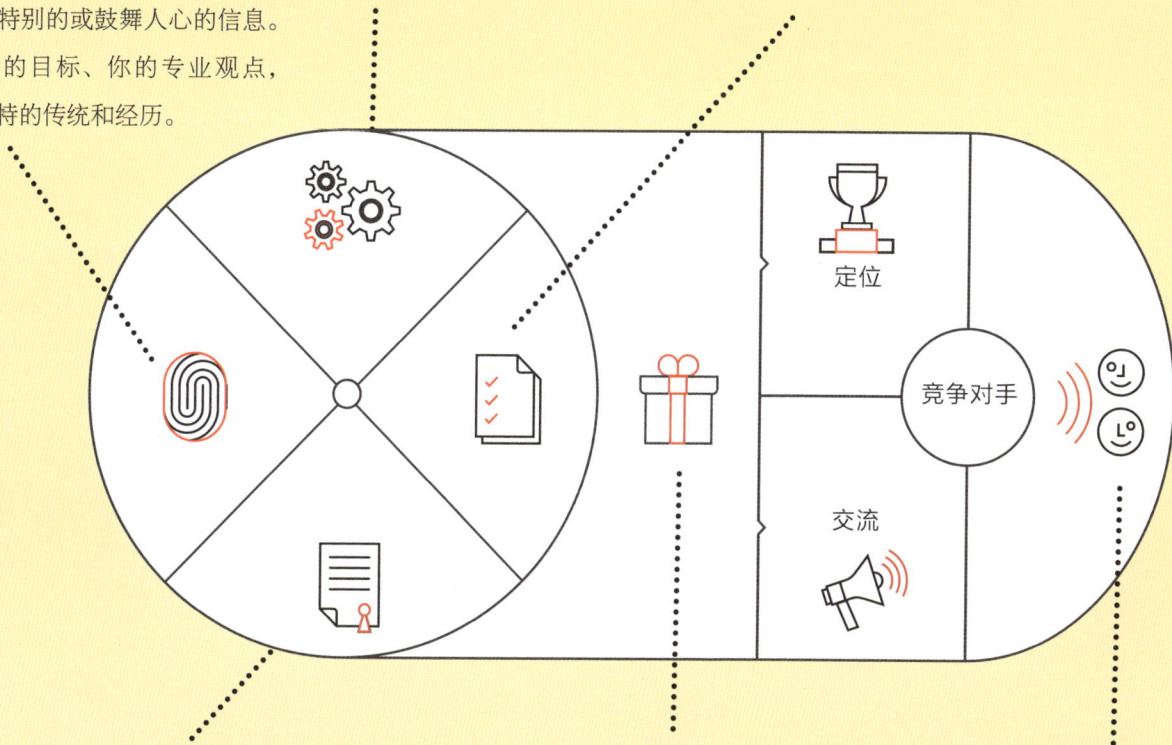

定位

竞争对手

交流

被人信任的理由
（为什么你可信）

描述你所拥有，使你可信的具体经验、证书、事实、技术或资产。

许诺
（所以呢?）

列出你所提供的、让你与众不同的具体收益。

受众
（让谁知道）

你关注的行业、人员或特定组织。

社会服务项目经理

玛丽亚姆的第一张画布：无力的许诺和定位

36 岁的玛丽亚姆是一位出生在保加利亚的美国人，她是一名高级项目经理，在一家专注于社会服务创新的国际政府支持机构里工作了十年。

在参加了几次训练营和自学课程后，玛丽亚姆爱上了设计思维方法，然后她将所学应用到了两个机构项目中。

但是，这些项目都未能获得真正的推动。玛丽亚姆开始对国际社会服务创新领域的缓慢进展和永无止境的妥协感到沮丧。

与此同时，她对去 IDEO 或 Frog Design 这样的高级设计机构担任商业设计师越来越感兴趣。下一页是她的第一张个人品牌画布，其目的是在这样的机构中获得商业设计师的职位。

继续阅读，了解玛丽亚姆——还有你——如何重塑最初的画布，创造强大的个人品牌！

玛丽亚姆

个人品牌画布

目标：商业设计师

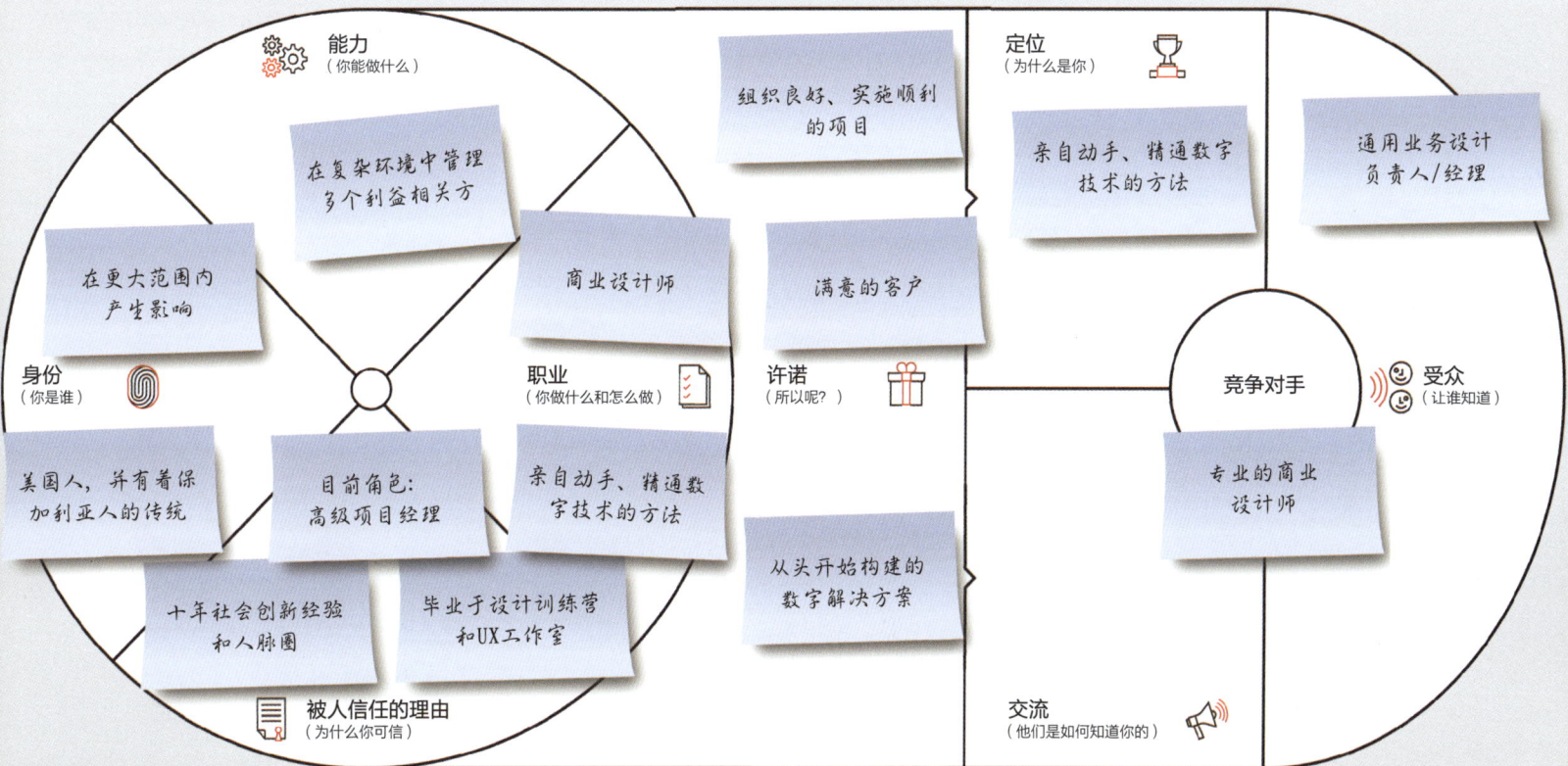

能力
（你能做什么）

组织良好、实施顺利的项目

定位
（为什么是你）

在复杂环境中管理多个利益相关方

在更大范围内产生影响

商业设计师

满意的客户

亲自动手、精通数字技术的方法

通用业务设计负责人/经理

身份
（你是谁）

职业
（你做什么和怎么做）

许诺
（所以呢？）

竞争对手

受众
（让谁知道）

美国人，并有着保加利亚人的传统

目前角色：高级项目经理

亲自动手、精通数字技术的方法

专业的商业设计师

十年社会创新经验和人脉圈

毕业于设计训练营和UX工作室

从头开始构建的数字解决方案

被人信任的理由
（为什么你可信）

交流
（他们是如何知道你的）

如何解决 个人品牌 画布问题

以下是在使用个人品牌画布时会遇到的一些常见问题以及解决方法。

在填写模块时纠结

你可能会觉得很难填写职业或身份细节，或者你意识到你需要新的理由及能力。这很正常。设计就是一场自我革命，革新就是设计！你可能需要回顾或重新规划你的工作模式画布，或参加一些职业发展课程。就像第 98 页中埃伦的案例一样，要想发现自己的潜力，一个有效的方法就是询问现在或以前的同事，了解他们对你的看法。

你觉得自己在吹嘘

当人们绘制个人品牌画布时，常常会觉得自己是在吹嘘自己。要记住，画布和其他"第三媒介物"一样，只是一种用来构思的工具，你向受众展示的并不是画布本身。它旨在帮助你深入挖掘并清晰地表达自己的见解。你可以将其视为"仅限内部使用的个人品牌战略"蓝图。你绘制画布的目的是厘清思路，连接线索，为自己创造新的选择。然后，你可以设计出间接且优雅的方式将你的个人品牌传达给受众。

便签太多？

你可能会担心到最后便签太多。这完全不用担心，你可以把第一次绘制画布当成头脑风暴。稍后，你可以轻松删除冗余、混乱或不重要的信息。关键是将注意力集中在你的受众真正需要了解的信息上。你的决策标准很简单：这个信息是否有助于产生强有力的许诺？如果不能，就把它去掉。不要浪费你的时间，也不要浪费受众的时间！

对你的许诺不满意？

如果你对自己的许诺不满意，试着"重构"它。你可以找一位伙伴一起，通过以下问题"重构"你的许诺。请伙伴提供客观和全新的视角。

当受众看到我的身份、能力或相信的理由等模块时，我将给他们留下什么样的印象，我的受众会感知到什么样的价值？

把在"重构"思想实验中出现的新信息添加到你的许诺模块里。

个人品牌适配

当完成第一版个人品牌画布后,你将识别出一些要素,用于向你的受众传递你的许诺。但是,如何才能确定你的个人品牌是有效的呢?你很快就会发现,设计和激活你的个人品牌也是在测试你的工作模式画布。这就到了个人品牌匹配的时候了!

适应性测试

第一个测试是确保你是合适的人选。所有职业都有特定的要求,也就是说,你的受众在评估你的时候会期望你具备某些要素,否则你将没有资格与受众交流,也没有机会让自己与众不同:你就像放在洗衣皂货架上的一瓶葡萄酒!试图改变受众对特定工作的期望是很麻烦的事情,所以请不要这样做。

例如,一位没有时尚行业经验的 MBA 学生告诉就业服务主管,她毕业后想进入意大利的高端时装行业。主管的回答很直接:如果你不是意大利时尚行业的一员,你就不会被录用。

试着回答以下问题:

1. 你合适吗?你是否符合你预期职业的所有要求(能力、相信的理由和身份)?

2. 你能给客户带来收益吗?你的许诺与你受众的需求或愿望相关吗?你用过第 154 页中的 PINT 工具和第 158~167 页中的模式测试流程进行验证吗?

3. 你的受众是否觉得你的身份信息有启发性和意义?如果不是的话,你就需要开发所需的要素,或者改变你的受众。

4. 你是否需要更多关于该职业及其要求的信息?如果是的话,可以去领英等平台上看看竞争对手的简介和招聘信息。如果你不尊重职业要求,那你就连这场比赛的门都没摸到。

想要更高的可信度？挖掘你的记忆

塞雷娜曾在意大利一家大型机场担任数字通信经理，当时她寻求过内部晋升，但没有成功。此时她开始绘制一份个人品牌画布，想去申请大型医疗机构的通信主管职位。

"我的第一版画布完全忽略了一个事实，那就是我这两年来一直管理着一个多学科团队，负责机构和新冠病毒感染疫情相关的沟通。"她说。"这项工作对我们组织的声誉和品牌有着重大的影响，还涉及了许多监管限制。这是我在做生命线探索练习时才发现的！"

塞雷娜"挖掘"了自己的记忆，发现了一段切实的经历，这能够极大地增强她在医疗卫生职位上的可信度。她发现"相信的理由"往往隐藏在记忆深处。发现它们最好的练习就是使用生命线探索。你也可以参照第 110 页练习。

埃里克也有过类似的经历，可参见第 150 页。他觉得自己作为一名传统培训师不够可信，他的第一次培训失败了，因为他犯了一个战术性错误——想表现得像一名培训师，而不是真实的自己。他没有运用自己真正的定位去做品牌杠杆。他的上司提醒他，他在非正式培训医院 IT 经理上有非常丰富的经验。当他采用了一种更自然的教学方法，他的培训就变得有效了，他的个人新品牌在他的初级系统工程师受众中也变得可信了。

然而，有时候你只是缺少"相信的理由"，这意味着你要从头开始创建理由。一种方法是获取新的证书或认证。如果这样会产生过多的成本，你也可以参加自学课程或参加公益项目，以此获得特定领域的经验。

检查一致性

它的意思是检查你的许诺是否与你在"职业""能力""相信的理由"和"身份"模块中描述的一致。

例如，斯蒂芬妮是一位拥有电气工程背景的欧洲专利律师，她希望潜在客户（她的受众）知道她能提供"随时可以应用的技术解决方案"（她的许诺）。但她在第一版的个人品牌画布中，忘了提及机电一体化方面的专业技术，而正是这些技术让她与其他律师不同。斯蒂芬妮能够为难以申请的专利发明提供定制化咨询和替代技术解决方案。于是她修改了画布，使她的许诺与其他模块一致——"为难以获得专利的发明提供定制化咨询和技术解决方案"。

定位测试

42 岁的佛朗科是一名石油和天然气行业的项目经理，他正在向他的新品牌教练抱怨。

"我在这个领域找工作已经有一段时间了，但连面试邀请都没收到过。太奇怪了，我在这个领域可是非常有经验的。"

"毫无疑问，你确实很有经验。但你如何将自己与别人，也就是你的竞争对手区分开来？"

"但我又不是自由职业者，怎么会有竞争对手呢？再说，在这个领域大家都差不多，怎么可能区分得开。"佛朗科坚持道。

教练会心地笑了，他经常听到类似言论。

"你的竞争对手是那些申请同一份工作并被叫去面试的人。也许他们没被录用，但至少他们进了候选名单，有机会参加面试和展现自己最好的优势。他们能从背景噪声中脱颖而出：所以他们的简历被注意到是有原因的。"

两人继续研究佛朗科的个人品牌画布，然后发现佛朗科在过去三年中管理了两个重要的可持续发展相关项目。他把从这一经历中得到的见解融入了他画布的下一版迭代中。

问自己的关键问题

- 你的定位是否足以让你从竞争对手中脱颖而出？
- 你的定位是否难以复制？
- 你的定位是否创造了足够的机会？

社会服务项目经理

玛丽亚姆修改后的画布：有力的许诺和定位

玛丽亚姆（见第 186 页）对自己的第一次画布迭代充满信心且感到兴奋，但一位专业的品牌教练建议她通过面试以及分析领英上的招聘来验证自己的品牌策略。这让她意识到自己的定位很弱，她不适合那些在招聘时要求强大且正规设计背景的机构。她还发现自己的许诺与设计机构受众的相关性不够。

多亏了这些发现，玛丽亚姆找到了共益企业[19]（这是一家被认证为具有社会责任和透明度的营利性实体）以及为其服务的咨询公司和机构。

同时，她在与教练进行生命线探索练习时，有了一个顿悟。她第一次意识到，作为一名项目经理，她不光是在寻找、争取和管理项目的利益相关方，而是从零开始制定、设计和开发项目：从构思到资金再到执行。

因此，玛丽亚姆决定将她的受众改为共益企业服务的咨询公司和机构。考虑到她的人际关系和她在社会创新方面相关且高度可信的经验，服务这类受众更合乎逻辑且有说服力。

在修改了个人品牌画布后，她开始与新的目标受众建立联系，并在领英上撰写内容，探讨设计思维、社会创新和管理大型项目利益相关方之间的关系。这使她在一家专为共益企业服务的孵化器中得到了一份临时工作。

玛丽亚姆

个人品牌画布

目标：商业设计师

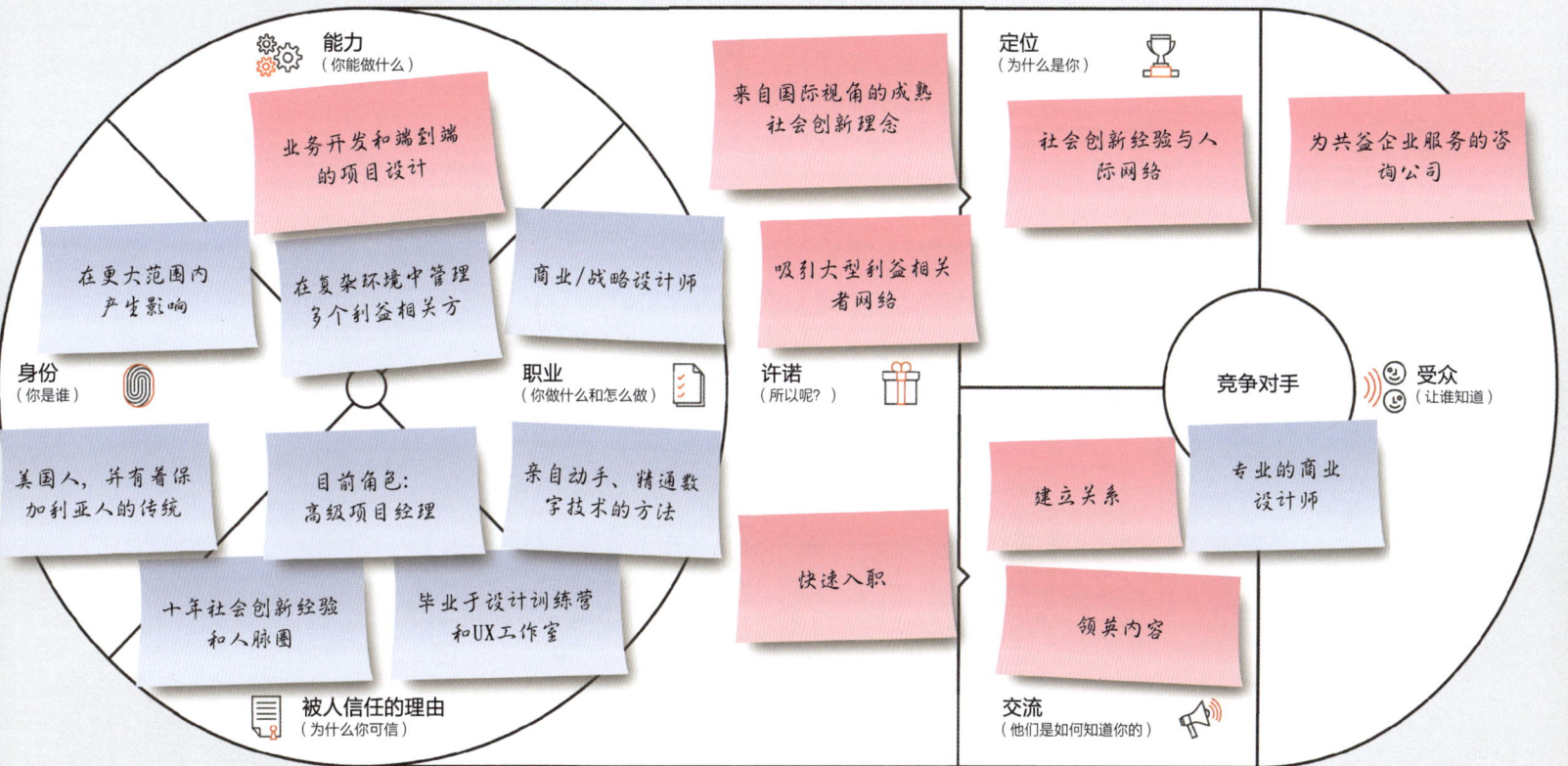

能力
（你能做什么）

业务开发和端到端的项目设计

在更大范围内产生影响

在复杂环境中管理多个利益相关方

商业/战略设计师

来自国际视角的成熟社会创新理念

吸引大型利益相关者网络

定位
（为什么是你）

社会创新经验与人际网络

为共益企业服务的咨询公司

身份
（你是谁）

美国人，并有着保加利亚人的传统

目前角色：高级项目经理

亲自动手、精通数字技术的方法

职业
（你做什么和怎么做）

许诺
（所以呢?）

快速入职

竞争对手

建立关系

专业的商业设计师

领英内容

受众
（让谁知道）

十年社会创新经验和人脉圈

毕业于设计训练营和UX工作室

被人信任的理由
（为什么你可信）

交流
（他们是如何知道你的）

如何吸引受众

玛丽亚姆的经验表明，个人品牌画布可以帮你验证整个工作模式。事实上，你的个人品牌与工作模式是密不可分的。你采访的利益相关方越多，这个验证过程就越有效率，你的受众对你的认知也就越清晰。记住，在验证模式时，你不是在推销。如果受访者没有立即表现出兴趣，不要觉得失望。你是在寻求反馈和看法，而不是"推销"。

在验证过的你的工作模式之后，就该主动吸引你的受众并发展你的个人品牌了。吸引受众意味着你要确保：①受众清楚地了解你的许诺和定位；②受众能够轻易发现和了解你个人品牌画布中的关键要素。你该如何做到这两点呢？

首先，用最清楚、最有说服力的方式介绍自己。其次，通过设计交流或创建互动，让受众提前掌握你的价值，并产生"购买"欲望。没错，就像货架上的一瓶葡萄酒一样！

一致性是关键。你介绍自己或吸引受众的方式必须与你个人品牌画布上的便签保持一致。当然，最简单的自我介绍方式是通过领英等社交媒体进行在线个人介绍，这个稍后再说。但首先，我们来研究一下关于第一印象和信任的重要事实。

热情胜过能力

当你和某人初次见面时，什么会给你留下积极印象？让我们看看社会心理学家艾米·卡迪（Amy Cuddy）令人惊讶的答案：她认为，无论在哪种文化背景下，"热情和能力"在整体第一印象占比里高达 80%~90%，但哪种特质更重要呢？

许多人惊讶地发现，热情比能力更为重要！

为什么？因为当我们第一次遇见某人时，我们会在潜意识里回答两个问题：这个人对我有什么意图？这个人的能力如何？

我们潜意识里对"意图"的答案决定了我们是否愿意信任此人，而这个答案的形成又取决于这个人是否热情。

我们潜意识里对"能力"的答案决定了我们是否相信此人有能力实现自身意图。如果我们认为他们不值得信任但有能力，我们会变得更为谨慎，甚至把此人视为对手。

重点在于，热情不仅是首先被感知到的，而且它在塑造良好第一印象中的重要性远高于能力。下图展示了我们是如何**欣赏**热情而能干的人，**同情**热情而无能的人，**羡慕**冷漠而能干的人，**讨厌**冷漠而无能的人。

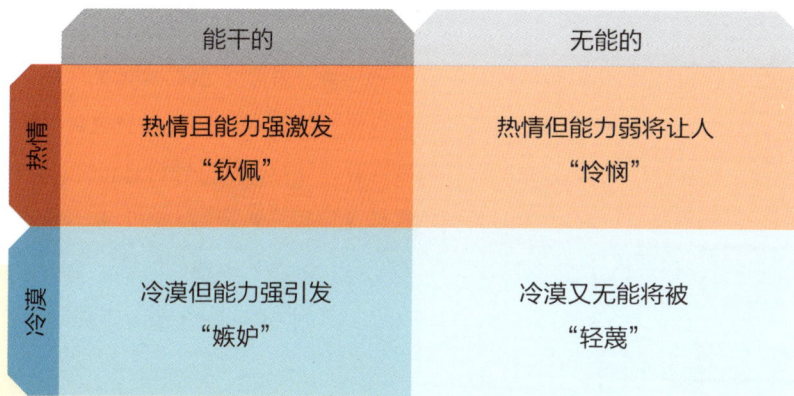

	能干的	无能的
热情	热情且能力强激发"钦佩"	热情但能力弱将让人"怜悯"
冷漠	冷漠但能力强引发"嫉妒"	冷漠又无能将被"轻蔑"

热情程度存在于你个人品牌画布的"身份"模块中，这就是为什么在这部分展现你的性格特征、个人成就、价值观、兴趣、爱好等要素非常重要。请确保你既能投射出热情，又能展现出能力。

📢 交流：他们如何认识你

在这部分里，你要用便签描述你向受众传达品牌的具体方式。我们建议和伙伴一起做：再找一位本书的读者，帮助彼此建立各自的个人品牌。

首先，打造一个正确的数字身份

在当下这个时代，第一印象常常是通过网络产生的，尤其是从事智力工作的职场人士。数字媒体提供了许多传播方式，可以直接影响受众及其背后的机会。

尽管如此，许多人仍然更关心其在现实世界的职业形象，并且认为数字交互不是"真实的"。这就是为什么即时通信时会看到很糟糕的表述或图片，即使这些符号与他们的职业身份相关。在线会议平台也是如此，你都不知道这个人还在不在，因为代表他们的是一个没打开的摄像头、搞笑的昵称，甚至是一张动物照片。

然而，在当下谷歌就是你的默认简历，它密切关注着你在网络上的相关资料。在谷歌上搜索你的名字，你的领英很可能就在搜索结果第一页里。

因此，在网上正确地介绍自己非常重要。不是精修、打扮时尚或炫耀某种生活方式，你的目标是要真实，对自己的职业形象负责。用你在网络上的简介来吸引和影响其他人。

你可以把数字软件想象成你的外包营销机器人，它不知疲倦地把你介绍给你的受众。在这方面，你的个人品牌画布就派上大用场了。

举例来说，以下为针对领英个人资料的建议：

照片

请先从你的数码照片开始。

你的照片就像一个组织的商标。在你个人资料里，它是除了名字之外最直观的要素，也是最令人印象深刻的。确保你的照片由专业人士拍摄，并能捕捉到你身份和定位的关键因素。与摄影师分享你的个人品牌画布：摄影师受过培训，会选择合适的背景、灯光和姿势来传达所需的图像。请在所有数字软件、个人简介和接触点上都使用同一张专业照片。

标题部分

结合品牌画布中"职业"和"定位"模块信息，在领英的"标题"中填写你是谁或你做什么，尽量简洁。如果可以的话，加上能反映你"身份"的关键词。你也可以将品牌画布的"许诺"和"身份"结合起来，简单阐述。

关于内容部分

介绍自己，就像你站在读者面前一样。从更详细地描述你的"职业"和"定位"开始。使用第一人称与读者对话，语气与你的价值观和性格匹配。尽可能明确说明你将如何帮助你的受众，即你对他们"许诺"的内容。记得列出相关的能力要素，尽可能与品牌画布中"相信的理由"模块事实一致。

记住，建立信任至关重要。最后，以品牌画布"身份"的关键要素收尾：这是你与受众建立共鸣的地方。

记住，数字媒体让其他人有机会体验你的许诺。数字生态系统使你能够轻松地以简讯、在线活动或线上社区的形式制定活动，无论面向的是公众还是组织内部。社交媒体都可以通过发布内容或发起活动来展示你的专业能力。你个人品牌画布上任何一张便签都可以作为优质的内容来源。例如：围绕你的能力与定位，你可以做以下事情：

1. 分享一个由你组织或参与的事件故事。
2. 描述你学到的新东西。
3. 总结并分享你最近读过的文章或书籍。
4. 对你所在领域的专家或相关人士撰写的文章、论文、书籍进行有观点的评论。它们也同样服务你的目标受众。

你的交流不必局限于在线媒体。不妨与思维伙伴一起头脑风暴，研究一下你可以通过哪些线下活动来推广你的新个人品牌：研讨会、演讲活动、在线演示、专业团体（如国际演讲协会）成员资格、以专业身份从事公益或其他志愿工作、授课等，这些活动都是强大的潜在渠道，能帮助你传播个人品牌。

送你一个小锦囊： 加入一个在你所处行业之外的专业组织，你

会遇到其他领域的专业人士。如果你要融入他们，就要将自己定位成"独特而有趣"的人，这是一个很好的练习。例如，58 岁的职业教练约翰加入了当地管理顾问协会。他值得信赖又出色的自我介绍获得了大家的认可，不久，近一半的成员推荐家人找他寻求职业发展帮助。

再举个例子，乔瓦尼是一位 37 岁的银行从业者，他正在努力"往上走"，晋升为财务顾问。他想吸引更多的企业家客户，但他遇到了一个棘手的问题。

"我有信托和道德责任，客户的姓名和财务业绩都必须保密，"乔瓦尼解释道，"我没法跟别人说，我的客户洛伦佐听了我的建议，他的公司价值翻了一番！我要如何证明自己的'许诺'能实现？"

"但洛伦佐可以跟别人说，"他的思维伙伴回答道，"你为何不组织一场教育性活动，邀请一些最忠诚、最重要的客户参加呢？"

后来，乔瓦尼组织了一场研讨会，在会上，他最好的客户分享了他们是如何通过乔瓦尼的银行融资服务而取得成功的。

现在就辅导你自己！

1 我把自己当成商品一样去认真描述了吗？或者我察觉到自己的差异化和被人需要的地方了吗？

2 我是否会去追逐每个机会，是否在销售方面过度投入了？我有没有研究过竞争对手是如何以不同的方式做事的？

3 我在交流时是否过于注重展现能力？我的身份是否阻碍了比能力更重要的热情的展现？

4 我的工作模式可信吗？我有没有按照第 158~167 页的内容对潜在受众进行测试？

5 我有没有一个强大的、主题统一的数字档案？我是否主动将数字工具和服务当作外包营销的"机器人"，帮我打造个人品牌？

在接下来的章节中，你将了解到如何使用"外向关注""建模"和"三个问题"来确保你的工作模式能把你带到某个地方，而不是让你停在某个地方！

第 5 部分

下一步

学习如何继续前进，
了解个人画布背后的社区和资源

第 8 章

职业转变的
三大准则

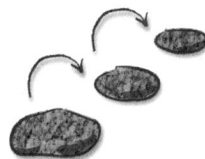

用基本原则应对无序的世界

本书为你提供了一种重塑工作的方法。在这十年里，本书通过在教学、培训、辅导和咨询领域的成果证明了它的力量。从学生到退休人员，从小型家族企业到拥有 5 万或更多员工的全球企业集团等都在使用本书的工具。最后这些章节将会向你展示如何使用这种方法来管理你未来的职业生涯。

每个时代的人都认为他们生活在一个充满不确定的时代，但今天的不确定性与前所未有的数字化技术密不可分。因此，第 7 页中所述的工作基本原则在这个时代显得既实用又令人欣喜，其中最重要的原则是：你必须意识到，工作的本质是服务——为人类的基本需求服务。

我们将这些基本原则称为"职业转变的三大准则"，遵循这些基本原则，管理你的职业生涯将更加容易。当你遇到职场问题时，或是为下一步的职业发展而苦恼时，试着遵循以下当中的一条或多条原则：①保持外向关注；②建立模式；③在有疑惑时，问自己三个问题。

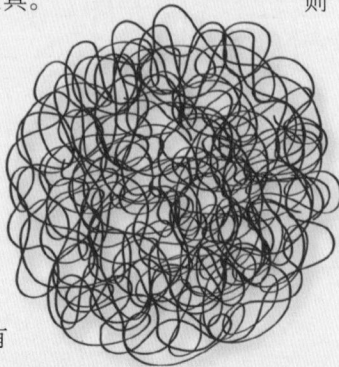

1. 保持外向关注

外向关注意味着超越自己的任务去思考，了解你的行为将如何影响他人，以及他人的行为又将如何影响你。也就是说要认识到职场中的相互依赖关系，使你的行为服务于整个团队或企业。第 34 页艾伦的故事提供了一个简单的外向关注案例。艾伦的上司建议他在承担任务前先问自己两个问题：①我现在能做些什么，从而帮助我工作流程之前和之后的人？②我如何协助工作前后的流程？ [20]

另外还要用外向关注来考虑外部顾客。回顾一下第 7 页，思考你的工作能服务于哪些永恒的人类需求。如果你的工作与人类基本需求的联系很弱或不直接，那就考虑进行改变。

最后，用外向关注来思考你的职业。参考第 7 页大树的比喻，你认为你的职业具有树叶、树枝、树干或树根的特质吗？

如果你的工作就像一片树叶，那就把你的视野扩展到更结实的树枝：你的组织上。你的组织能服务于哪些不变的人类需求？你的同事（你的关键伙伴）是如何服务这一需求的？你对你在组织中所做的事感到自豪吗？你的组织有哪些问题或潜在问题、需求或趋势（即 PINT 工具）？你如何帮助你的组织解决 PINT 中的任一问题？

如果你感觉自己的工作被困在了令你不适的树枝上，即某个特定组织，那就把你的视野扩展到更持久的树干：行业上。你对哪些服务于人类需求的行业感兴趣？

这个行业有哪些问题或潜在的问题、需求或趋势？在不同的组织或不同的角色中，你可以帮助该行业解决哪些 PINT 要素？

如果你的工作在某个特定行业（也就是树干）中的位置让人不舒服，那就把你的视野扩展到最有生命力的树根：职业上。你喜欢哪个职业？会计、生物学家、木匠等专业人士可以在许多不同的组织和行业中做出贡献。你是否处于一个良好的岗位、组织和行业，可以为你选择的职业做出贡献？

2. 建立模式

虽然本书的重点是个人工作模式画布，但绘制团队模式或企业模式画布同样会令你受益。每当你感觉到需要改变职业时，请先对你当前工作的地方和你想去工作的地方进行建模。顺带提一句，对团队及企业进行建模是实现外向关注的最佳方式。以下是应对三个不同职业阶段的建模的方法：

职业生涯前期或"返场"阶段

如果你刚刚开启职业生涯，或者正在寻求新的或退休后的"返场"职业，一个不错的方法就是找个能激发你兴趣的组织。浏览标有雇主名称的招聘信息，把感兴趣的都记下来。选出最吸引你的雇主，尝试绘制出它的商业模式画布或服务模式画布（对于不以财务为核心指标的组织）。对其客户、价值主张、关键活动和营收方式进行合理推测。

接下来，想一下能不能把自己放到这个模式中？将你最期望的工作写成便签，贴入"适合"的画布模块。例如，如果你发现自己希望为一些软件服务提供商提供"客户支持"，那你可以把自己放到公司商业模式画布的**关键活动**模块。而如果你想担任"会计"角色，更适合你的位置就是**关键资源**模块，因为内部会计人员并不直接交付软件服务提供商的价值主张。此练习可以加深你对组织的理解，以及识别你如何为组织做出贡献。

然后，假设你以刚才选择的角色为雇主工作，就根据这个假设绘出你的个人工作模式画布。用你对该组织新的认知（可能会包含多个假设）来为你的工作模式提供信息。围绕你如何为雇主的成功做出贡献写一个"故事"。

然后，你就可以自信地去申请这份工作了。不过要记得第 153 页上的注意事项：如果你和该组织接触时能就如何做出贡献提出自己的想法，从而展现你的主动性，那效果会更好。可以考虑使用第 161 页中一些技巧，收集那些已经在那里工作的人的信息。

记住，职业生涯前期的专业人士大多关注技能、能力、教育证书等**关键资源**，以及与这些元素相关的**关键活动**。随着你不断发展，用外向关注将这些**资源和活动**与你提供的收益联系起来吧。

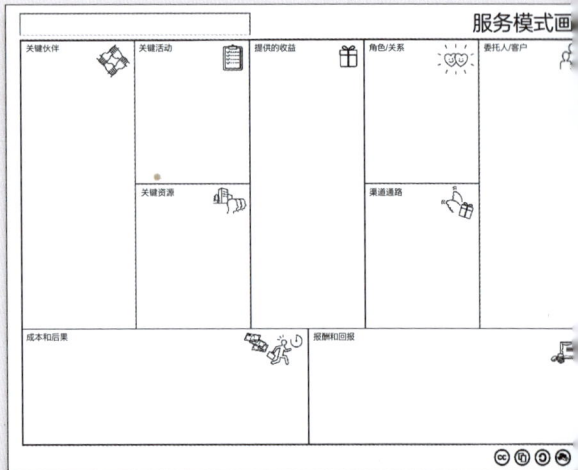

拉米就是这样的。他毕业后在一家产品设计公司工作了三年，逐步成长到能够直接与客户打交道。客户表示，拉米准确的倾听能力让他们感到放心。这家公司也享受到了这些收益，当公司合伙人不在时，它依赖拉米来填补设计团队成员的空缺。

职业生涯中期

"职业生涯中期"因职业而异：职业运动员的职业生涯中期可能是在 29 岁，而心脏外科医生的职业生涯中期可能要等到 45 岁或 50 岁。无论如何，职业生涯中期通常表示某人已经成为领域专家或管理者，并且他们的工作模式画布中的某些模块也变得更为重要。

例如，随着解决更复杂的问题，职业中期人士需要与**关键伙伴**进行更深入的协作，相互依赖关系变得更加关键。同时，也要定期更新"客户细分（谁帮助你）"模块，随着你职业生涯的发展，他们可以帮你找到新的机会。

职业中期工作模式画布的新变化，可能需要在不同的团队或组织里实现。例如，安德烈在一家有 9 名员工的网络开发公司担任高级开发人员时，自愿参加了一个为期一年的社区组织项目。这次经历既证实了他的领导能力，也让他在领导他人时找到了满足感。在项目结束后，安德烈意识到他的雇主永远无法提供这样的机会让他发展领导能力。他意识到是时候去找个更大的组织了。

请注意，在"你是谁"模块中，可能不只有技能和证书，还包括我们必须保持和维护的声誉、个人品牌。例如，卡莉塔不想离开工作了 15 年的市水务局，但她觉得自己迫切需要换一个角色。她出色的解决问题能力和谈判能力已成为"你是谁"模块中的关键因素，但水务局的低生产率和客户投诉损害了该局的声誉，并在她工作模式画布的"**成本和后果**"构件中造成了一个明显的痛点。为了提高水务局的声誉并保护自己的声誉，她提出设立并担任一个新的角色，"监察员"，负责调查和回应客户投诉。

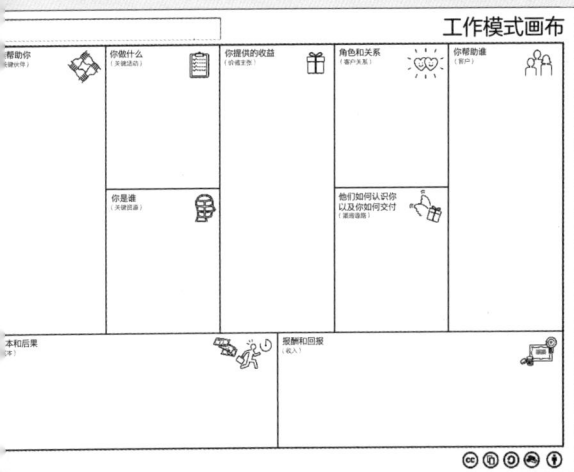

工作模式画布

谁帮助你

你做什么（关键活动）

你提供的收益（价值主张）

角色和关系（客户关系）

你帮助谁（客户）

你是谁（关键资源）

他们如何认识你以及你如何交付（渠道通路）

成本和后果

报酬和回报（收入）

职业生涯后期或退休

在职业生涯后期，人们通常因作为专家或领导者所做出的贡献而享有声誉。在理想情况下，他们会认识到自己的局限性和优势，并对自己取得的成功感到感激，不会再追求别人眼中更大的成功。当他们的注意力从赚钱转向了创造意义或表达思想，他们会更敏锐地意识到自己的工作是如何服务于人类基本需求的。如果你想从全新的角度看待工作，可以回顾第 106 页：你能"成就"的三件事。

在这个职业阶段，传承，即关注未来、培养和引导年轻人，往往会成为一种强大的动力。职业生涯后期的工作模式画布常有以下变化：

· 客户关系（你扮演的角色）模块从"专家"变成了"导师"或"教练"。
· 收入（报酬和回报）模块从物质变成了社会贡献等"软"性元素。
· 客户细分（你帮助谁）模块更加侧重于新同事或年轻顾客。
· 关键伙伴（谁帮助你）模块中有一大堆合作伙伴，可以把他们作为关键资源介绍给别人。

职业生涯后期的专业人员会发现客户和报酬发生了变化，关键活动变得不那么严格。但是有意义的工作和贡献仍然存在。退休往往需要一种新的工作模式。

例如，68 岁的安东尼曾是一家成功的生物技术公司首席执行官，在领导公司几十年后退休。他加入了附近一家医疗中心的董事会，他认为可以利用自己的领导才能帮助医院经营。经过几次令人沮丧的董事会会议后，同事阿纳卡把他拉到一边进行了一次谈话。

"安东尼，如果你能先意识到董事会的工作与你以前担任首席执行官有哪些不同，那你一定会喜欢这份工作的。你要先明白，你不再是那个做关键决定和分配责任的高管了！你不能迫使他们做出决定。你需要用不一样的工作模式运作。我觉得你要是能调整好的话，会收获更多的满足感。"

作为董事会成员，安东尼必须调整自己的风格才能获得成功，而幸运的是，阿纳卡愿意当他的思考伙伴。

在她的帮助下，安东尼学会了工作建模，放弃了他长期以来的领导者角色，成了一名"顾问"。他很快就掌握了这一变化的逻辑和情感含义，以及所展现的相互依赖关系和关注点：

安东尼

· 顾问的角色改变了他与董事会及员工的关系。
· "你做什么"一直是一个关注点，直到安东尼认识到他的"关键活动"是提供经验丰富的观点和建议，而不是指令。
· 提供的收益也从财务业绩转变为风险规避和战略远见。

在后来的会议上，其他与会者都认为安东尼是个进步很大、很有贡献的董事会成员。

3. 问自己三个问题

当你感觉到需要转变职业时，这三个问题可以帮你明确需要做出什么决定，从而确定你最佳的下一步骤。问问自己：

1. 是时候提升了吗？
是要发展到一个新的专业水平，还是要寻求晋升？

2. 是时候退出了吗？
是不是该离开不再合适的角色、汇报关系、团队、组织或职业了？

3. 是时候调整工作风格了吗？
如果你喜欢自己的工作，但未能得到你想要的成功，是不是该调整你的风格了？

把这三个问题当成一个永不关机的 GPS 导航系统，它可以准确定位你目前的职业位置和接下来的目的地。这三个问题可以防止你冲动辞职去找新工作，那样绝对是毫无战略意义的行为，只是把未解决的职业问题搬到新的职场。

这三个问题非常全面，涵盖了你在任何时刻可以采取的所有职业行动。请继续阅读，了解如何使用它们。

第 9 章

问自己三个
问题

问自己
三个问题

在第 4 章中，你通过问自己以下三个问题学会了如何处理"关注点"：

1. 是时候提升了吗？

2. 是时候退出了吗？

3. 是时候调整工作风格了吗？

你还学到了三个问题可以作为强大的导航工具，就像 GPS 一样，精确定位你当前的职业位置，并为你指明最佳的前进道路。三个问题也可以作为持续评估你职业发展轨迹的工具，但很少有人会有意识地、特意地定期评估自己的职业生涯，人们对环境往往是被动反应，而不是主动驾驭。我们可以用一系列清晰的问题迅速聚集到一个重要的话题本质，让环境对自己有利。这个话题就是：我的职业进展如何？

对这三个问题的答案因人而异，但关键在于，好的问题可以引发更好的思考，而更好的思考能够产生更好的决策。如果你准备将"三个问题"作为一种常规、有意识的职业评估方法，请注意两个提示：①避免"龙卷风思维"；②接受你的直觉。

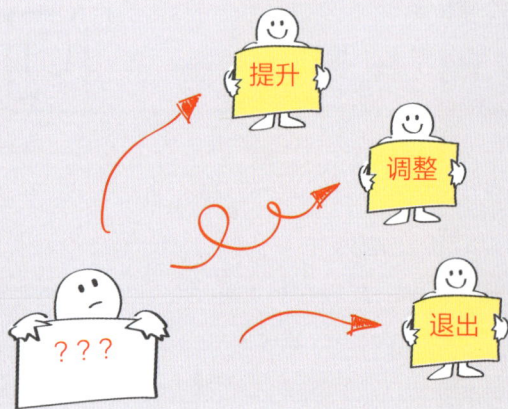

律师助理

避免龙卷风思维

辛迪

辛迪现年 49 岁，是两个孩子的母亲，在一家律所担任资深律师助理，同时也担任着这家有 27 位律师的繁忙律所的行政经理。几年来，她对职业发展一直有很多想法，却没有形成任何计划和行动：

> 我和公司大多数律师一样能干，我应该去上法学院吗？我这个岁数行不行？我不确定我是否真的想从事法律行业……但家里真的不能没了我的收入，快该给孩子交大学学费了……不过，我真的很喜欢我的新业余爱好——芳香疗法，珍妮说我可以在 Etsy 上卖我的产品……要是吉姆和我节俭一点，也许我可以把这个爱好变成一门生意？

辛迪正经历着一个典型的"龙卷风思维"。就像龙卷风席卷整个街区，在空中盘旋，然后将碎片撒到数公里之外那样，我们都经历过"信息龙卷风"——它会从数据空间中卷来传闻、事实、恐惧、互联网新闻，然后让这些声音在我们的脑海中一圈接一圈地旋转。

当电话响起或是要辅导孩子做作业时，这种内心讨论可能会暂停。

但正如辛迪一样，10 分钟、几小时或一天后，同样的内心对话又会冒出来。当我们不知道该如何理解它或如何让它消失时，同样的内心碎片就开始一遍又一遍地旋转。

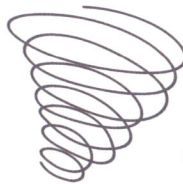

好消息是：就像专业的"追风者"一样，我们可以确定，内心龙卷风中隐藏着宝贵的信息。我们也要意识到，龙卷风思维表明，你有迫切的职业问题需要回答。

房屋委员会主任

接受你的直觉

赫布

61 岁的赫布是一名土木工程师，曾在西海岸一座小城市担任了 28 年的房屋委员会主任。他和 31 岁的部门主管斯凯勒是好朋友，因为他们都热爱航海和帆船。

两人会定期共进午餐，有时也一起抱怨部门的官僚主义和行动迟缓。有一天，他们正喝着咖啡，斯凯勒突然说他要辞职。

"我要报名参加之前跟你提过的在诺曼底海岸为期三个月的造船课。"斯凯勒说，"我终于能提高我的法语水平了！"

听了斯凯勒的话，赫布感到一丝嫉妒，但很快就向他表示了祝贺。

斯凯勒

"赫布，你在这里资历很深，"斯凯勒继续用友好的口气说，"以后你有什么打算？"他本意是在恭维。

但斯凯勒的问题反而让赫布觉得他是在评判自己，在接下来的几周里，"以后你有什么打算"这个问题反复困扰着他。与此同时，他的思绪又不断转回到他亲手打造的木制帆船上，那艘帆船已经在他的车库里躺了 6 年，还没完工。

赫布发觉这种精神上的"龙卷风"指向了一个尚未解决的职业问题，因此他决定接受自己的直觉，找个伙伴讨论一下。在与一位富有同理心的前城市经理分享了他的想法后，赫布意识到自己是时候退休了。

现在，在大多数晴朗的日子里，人们都能在水面上看到赫布和他亲手打造的木制帆船。

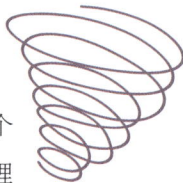

大学讲师

自我思考实验

杰夫

这三个问题将帮助你避免龙卷风思维，激发你的直觉，做出决定并采取行动。但要实现这些，你需要一个"自我思考实验"（Think Ont Loud Laboratory）。

"自我思考实验"就是与你信任的人进行对话：找个伙伴，这个伙伴要善于倾听和提问而不是忍不住给你提供建议。当你陷入纠结时，你需要一个"自我思考实验室"。这是一个讨论你不喜欢、不信任或不理解的其他人答案的地方。这个讨论要在真实的地方，有真实的人，而不在你的大脑里。在这里，你可以问奇怪的问题，也可以说出令人惊讶甚至天真的话。

有时，一个简单的"自我思考实验"就可以迅速产生决议和行动。

例如，49 岁的杰夫是一名文理学院的历史课讲师，他教了 16 年书，不想再继续了。学生们经常会向他寻求建议，因此他觉得成为一名

持证辅导员应该是职业生涯里合乎逻辑和令人满意的下一步。

但妻子的话让他有些踌躇。她说："你需要有博士学位才能得到这个理想工作。你都 49 岁了，要不你再想想？"

杰夫和同事谈了谈，了解了辅导员的工作要求，他发现硕士学位就可以了。现在是时候提升了：通过注册心理咨询硕士学位课程来取得进步。

像杰夫一样，你可能会从周围的人（或本书中）发现问题或答案，从而激发直觉。请用你的身体和大脑平静而仔细地体会这些反应，要是感觉不适，说明存在需要进一步探索的地方：可能是一个"关注点"。如果这种不适太过熟悉、存在许久，那就让它激励你去设计一个不同的工作模式画布吧。

拖船船长

为什么自我思考实验有效

赫布和杰夫向我们展示了自我思考如何通过引入第三方客观性来解决职业困境。但它之所以有效还有另外一个原因。那就是，思考和交谈涉及完全不同的大脑思考过程。大多数人在面试时都体会过想清楚和说清楚之间的区别。

例如，58 岁的弗兰克是哥伦比亚河的航道老水手。30 多年来，他从水手做到工程师，再到大副，最后做到拖船船长，足足在这条河航行了 14 年。

但弗兰克不想再干"推驳船"的工作了，他决定寻求挑战，成为一名合格的哥伦比亚河领航员，这将让他获得声望和更高的薪水。这个新身份可以让他为 100 吨及以上的船领航，包括悬挂外国国旗从太平洋进入哥伦比亚河的船只。领航员认证由哥伦比亚河领航员协会负责，需要进行严格的笔试和面试，还要进行一次困难且详尽的地图测试。

"为了这个认证，我背下了上百公里的助航标志和航道标志。"弗兰克自豪地跟朋友说。但在参加面试前，他忘了练习口头回答的问题。

考试的日子终于到了。在完成笔试部分后，主面试官对弗兰克能把哥伦比亚河助航标志地图准确地复刻出来表示称赞。然后他问了第一个问题："弗兰克，给我们讲讲你在河上航行时是怎么处理船员冲突的。"

这个太简单了，弗兰克想。他马上就想起来有一次他的大副和一名水手发生了激烈的争吵，差点打起来。

"可是我一张嘴，说出来的就不成句子了。"他回忆道。

弗兰克

"我好像说的是，我们在推三船小麦，唔……也不全是小麦，还有一些其他谷物跟一船石化产品，不过天气不错，没什么激浪……"

"然后就更乱了，"弗兰克叹了口气，"我嘴上开始跑火车：我们快到威拉米特汇流点了，等等。我滔滔不绝，就是没说处理船员冲突这事。我都不知道我会说到哪儿。"

弗兰克"翻车"了。虽然弗兰克有着出色的经验和能力，但他还是犯了一个典型的面试错误：在面试前，他没有练习过向一位信赖的伙伴讲述与职业相关的成就故事。结果就是在面试时慌乱地整理自己的思路和语言。

简而言之，在心里默默地练习与说出来的练习完全是两回事。同样，一个人练习和找伙伴一起练习也是完全不同的。

和许多人一样，弗兰克过度依赖"思考"——一个无声的认知过程，却没用真实的语言表达为面试做准备。实际上，语言表达更需要一对一谈话的严谨性：如何将想法转化为清晰、简洁、他人容易理解的语言。当我们能做到，我们会发现额外的能量、意义或价值，这都取决于我们是怎么说的。

弗兰克的发现正是你跟别人口头描述你的工作模式时会发现的。

要记住，这些道理不仅适用于准备面试的人，也适用于正在经历龙卷风思维，而尚未在任何信任的人面前口头表达过自己想法的人。

后来弗兰克找了一位伙伴练习面试，然后在第二次时成功地通过了领航员协会的所有考试。

医院首席执行官

是时候提升了吗?

马克

我们要把"提升"当成沿着自己的职业发展曲线前进,而不一定是以地位或薪酬的方式在组织结构中晋升。提升还包括了:

1. 在组织中横向甚至"往下"调动,去做你想做的、代表你个人发展的下一步工作,而不仅是公司认为的下一步。
2. 在原地丰富你目前的角色进行发展。
3. 改变工作城市,拓宽你的经验和影响。

44 岁的马克是一位医疗卫生行业的高管,他出生在一个医生世家。大学读的是医学预科,但在大二后期他对财务、信息技术和组织发展产生了浓厚兴趣,最终以不同寻常的商科和生物双学位毕业。

毕业后,马克的第一份工作是在一家大型地区性连锁医院总部担任初级财务分析师。他在这个角色上干得很出色。不到两年,他就被提升为资深财务分析师,三年后又升至审计长。这时,他决定要在自己梦想的城市圣地亚哥成为一名医院首席执行官。

他开始在这家连锁医院里寻找既能为自己的目标提供动力又能指明方向的工作。他先绘出了这家公司的服务模式画布,并将其称为"医院操作系统"。

马克"往下"走

当马克主动辞去审计长的职位,转而担任一个远不如现在光鲜的角色时,同事们大吃一惊:他成了企业资源计划(ERP)新平台的项目实施经理,公司认为这个平台将彻底改变整个连锁医院中设备和用品的购买、核算和管理方式。虽然这一举动使马克的地位和工资都下降了,但他已经下定决心。他需要"到达"某个地方,而不是"停"在某个地方。

马克预见到,参与 ERP 的实施会让他获得变革管理技能以及对整个医院完整的运营理解,并让连锁医院相关的每家医院高管都认识他。

从这点上来说，ERP 项目是"外向关注"的理想形式。他在新收购的一家中型医院工作了 18 个月，监督项目实施情况。

马克"横向"走

ERP 项目成功上线后，马克又采取了另一个行动，为成为医院首席执行官创造更多动力。当他知道新 ERP 系统将于次年在全公司内推广后，便借助自己在该项目上的出色表现，申请成为公司旗下一家规模较大、历史悠久的医院的行政副总裁。他的申请获得了批准。马克做出的横向移动，使他离自己的目标又靠近了些。

这家较大的医院从马克的 ERP 系统实施和优秀的领导经验中受益，而马克也建立了高管信誉。这个角色给他带来了更大的速度和动力，指向他的目标。

马克获得提升

最终，马克到达了目的地：他被提升为一家拥有 280 张床位，位于圣地亚哥的旗舰医院的首席执行官。鉴于马克的巧妙规划，大家对他能实现目标并不感觉意外。

每个新工作的经历都让马克获得了更多的能力和信誉。他的每一步决定都经过深思熟虑，而且战略性地把握了时机。每一步行动都表明他在积极主动地管理自己的职业生活，就像自由职业者一样：他像外部顾问或承包商一样向公司推销自己。他充分利用了每个新角色的速度和动力来推动自己朝着职业目标前进，实现了他的"北极星"。

很少有职场人能有马克这样的眼光、技能和耐心来实施一个跨越近十年的职业规划。但至少你可以先学习使马克成功的两个关键原则：

1. 了解你将要去的职场的服务或商业模式。

2. 确保你的工作会把你带到某个目的地，而不是让你一直留在某个地方。

人力资源专业人士

是时候退出了吗？

如果上下级关系、岗位、组织、行业或工作本身不再适合你了，那什么时候应该离开？

这个问题对于那些有信心在开放的劳动力市场竞争并改善自身处境的人，以及那些非常沮丧、觉得辞去工作也没什么损失的人来说很容易回答。其他人在问自己这个问题时会犹豫不决，因为离开会改变生活中除了工作之外的许多方面。

加布里埃拉

辞职寻找自我

41 岁的加布里埃拉是一名人力资源专业人士，她在大学时主修心理学，后来成为一名家庭关系顾问。在做了几年咨询师和治疗师后，她取得了组织发展硕士学位，然后在私营企业从事了许多与人力资源相关的工作。34 岁时，她来到硅谷，在一家制造科学测量仪器的公司从事培训和人才发展工作。

"他们是一家进取型公司，行事动作很快。我认为他们处于现代组织发展的前沿，这非常令人兴奋。"她回忆道，"后来他们进行了一次大规模重组，我觉得激动人心的时代结束了。"

一次偶然的会面改变了一切。

"有一次去美国西北部出差时，我在入住的酒店遇到了一名负责招聘的 HR 专员。"她回忆道，"她拿了我的名片，我却把这事给忘了。"

但那个 HR 专员却记得加布里埃拉。

"几个月后，她给我打电话，跟我说有个机会，是在西北部的一家大型电力公司负责员工发展。"加布里埃拉说，"这意味着职务和薪水的大幅提升。我通过了面试并接受了新工作邀请。"

加布里埃拉以智慧和谦逊的态度反思了这次转变：

"从第一天起，我就明白了在公共事业公司工作意味着什么。他们为严重的官僚主义所累，这让人力资源工作成为一场噩梦。有 30% 的员工加入了工会，跟加入和没加入工会的员工打交道，就像与两种完全不同的人打交道。更糟糕的是，这家公司即将被另一家公共事业公司收购！"

每天上班对加布里埃拉来说都是一场挣扎。

"就在那时，我了解到了商业模式，真是让我大开眼界。在画出我雇主的模式后，我清楚地看到了问题所在，就像黑夜里看见明灯一样。"

"我经常感受到内心深处的恐惧，和一种负重前行却永远看不到终点的感觉。我一直在对自己说'再努力点''再试试''再换个方法'……其实，这是自我和组织文化的错位。"她承认："我被优厚的职位和薪水所诱惑。"

"最终，我用'要提升吗？'这个问题做了一次自我思考实验：我把自己的处境当作一部糟糕的电影，然后按下快进播放，问自己，如果一切变得美好，好到我升职了。我会感觉好点吗？我和新同事会更融洽吗？这些问题的答案都是一样的：不会。"

"那就剩下其他两个问题了：调整工作风格？或者离开？改变我的风格就像把自己从右撇子变成左撇子。所以这很难。"

"那就只剩离开了？我意识到自己面临着一个严重的问题：组织是不会改变的。工作和文化很不匹配。我是时候离开了。"

幸运的是，加布里埃拉一直在和她的人脉网络保持联系，因此得到了一个新机会。

"工作模式画布让我学到了宝贵的一课，我为自己设计的模式希望我有能力创造性地做出改变，并且希望在我的工作风格里没有官僚主义。"她说。

同时，加布里埃拉总结了她能够离开的两个原因。

"首先，我没有扼杀自己的直觉。我以自己的怀疑和顾虑为动力，绘制了公司的商业模式画布。我很快就发现了它与我的价值观和工作风格相冲突的地方。我无法忍受这些冲突点，也无法改变它们。"

"其次，我和硅谷的一位同事做了一次自我思考练习，他提醒了我，保持外向关注、保持人际关系从而发现下一个工作机会是多么的有价值。"

是时候调整工作风格了吗？

如果某个人工作进展不顺，或者被认为"不合适"或"未能达到要求的水准"，往往不是因为缺乏相关技能或知识，而是因为他的工作风格。

> 风格的定义：一种特定或特有的行动模式或行为方式。

公司在判断某人是否契合其组织文化或某位用人主管需求时，会重点考察风格这类软技能。因为风格是真实的、可衡量的，也是重要的，然而大多数负责招聘的 HR 只能模糊地描述风格在特定行为中的含义。

对于丹比来说，情况并非如此，他是一家新建的农村诊所的新任经理，该诊所隶属于一家快速发展的连锁医院。

"我来到这家医疗机构工作后，才对自己的领导风格有了清晰的了解，"丹比说，"我担任经理一年后，收到了大家对我领导风格的宝贵反馈，使用的是名为基准评比（Benchmarks）的 360 度反馈法。我的老板会参加我主持的一些会议和讨论，并把她的观察实时反馈给我。比如，'我发现你只和健谈的人交流，而不是想法最棒的人'。"

丹比

"她与所有直接下属分享我们的性格分析报告，这些报告准确地描述了我们在有压力和无压力情况下的行为倾向。例如，我就是性格外向，所以我很容易对像我一样外向的人过于关注。"

"这就使得我可以描述自己风格，也让我知道在某些情况下需要调整自己的风格。我意识到，自己是一个更好的决策促进者，而不是决策制定者。对一个经理来说，了解这一点非常重要！"

每个人都可以一点一点地改变自己的风格，让自己变得更成熟。重点是我们如何知道自己应该在什么时候做出重大的改变？要想知道这件事，需要先勇敢地问自己两个问题：

1. 是"我"需要改变，还是"他们"需要改变？
2. 我自己的职业或非职业风格的哪些方面导致了我无法成功？

这种棘手问题我们很少会问自己。但这两个问题都可以让你超越从其他人身上找原因或将原因归咎于他人，即便责任真的在他人。

需要改变风格的一个迹象是：你在职场发起的个人互动让你或其他人感到不舒服。常见的例子是，在未充分了解他人所表达的问题前，就急于提供解决方案。这不是"对错"的问题，而是你可能要改变风格了，因为你比同事更有洞察力，可以主动一些去适应那些不如你灵活的人。

另外，你也可以从外界对你的风格反馈中获益，比如 360 度反馈法或者与你的直接上司、人力资源同事进行坦诚的交流。

有时候，成功应对困难局面的唯一方法是，意识到你无法改变原因，无论原因是涉及组织文化、某位主管、市场条件、政府法规还是其他问题。你唯一能控制的就是你的回应方式。

反馈拯救了经理和她的项目

38 岁的吉尔是一位财务分析师，在读完 MBA 后，她加入了一家大型咨询公司。在做了几年咨询后加入了现在的大型运动鞋和服装公司，从事财务规划工作。

运动服饰行业竞争激烈，与其他公司一样，吉尔的公司也面临如何重新设计运营逻辑以提升效率的问题，因此吉尔的首要任务就是领导变革计划，通过实施新软件和新流程来提高财务信息的实时性和可用性。吉尔的老板明确表示，这会像大多数变革计划一样坎坷和艰难，但是完成期限不能变更。

吉尔立刻扑到了工作上，每周投入大量的时间。

但她很快就对许多下属感到失望，他们看起来很听话，实际上却对这个项目毫不上心。几个月后，这种挫败感越来越严重，吉尔对她的团队成员行尸走肉般的参与感到十分恼火。

"在办公室度过特别艰难的一天后，我问自己，是不是该离开了？"她说，"然后我想起了外向关注以及在读

MBA 时的一次集体反馈练习。我想，也许我自己才是问题所在。"

吉尔让人力资源部门设计了一份反馈调查，以了解同事们对她领导力和变革计划进展的真实想法。

"调查结果表明，如果我想成功，就得改变自己的领导风格，"吉尔回忆道，"我的同事认为我只想按时完成项目，认为公司管理层并不关心员工的未来成就。这为我敲响了警钟。"

吉尔承认，她在与同事的沟通中缺乏远见、目标狭隘。"我忘记了要在出发前带领他们解决问题，而不是把问题留给他们。"她说。

在反馈的启发和激励下，吉尔调整了她的工作风格，用更多的时间一对一地回答团队成员关于他们在公司未来的发展问题。她的变革项目取得了成功，团队成员也转变了看法，认为吉尔是一位擅于激励团队的领导者，吉尔获得了良好的领导声誉。

吉尔

你有足够的勇气吗？

写下至少一位前任经理的名字。

你是否有足够的勇气与他们联系，问问他们，希望当初的你在工作风格上做出哪些改变？

如果你真有勇气，问问你现在的老板，他希望你在工作风格上做出哪些改变，以及在什么情况下做出改变。具体的细节很重要，只对你风格进行大致概述并不能提供太多帮助。如果可以的话，最好在工作场所之外的午餐或早餐时进行沟通。

三大准则和突破性思考伙伴

本章中的案例展示了人们对个人工作模式、组织模式和职业身份之间契合度的评估。当契合度不理想时，可以用三个问题来确定最佳行动方案。而通过保持外向关注，得以对更适合的工作、更适合的工作场所和有效的风格调整做出明智的选择。

他们并不是在大脑中独自完成这项重要工作的。他们主动寻求他人的反馈，并就自己的工作"突破思考"。我们把这些可信的他人称为"突破性思考伙伴"，他们能帮助你进行良好的职业生涯管理。在最后一章中，你将了解如何为自己找到最佳思考伙伴。

问问自己以下几个问题

1 三个问题中，哪个对我触动最深？

2 我是否跟伙伴讨论过这个问题，以便确定哪些想法是假设，哪些是事实？

3 填空：如果我对……了解得不多，我该如何提升呢？

4 我应该离开我目前的组织吗？还是说，组织中的其他位置有更适合我的机会？

5 我征求过职场同事或上司的反馈吗？

在最后一章中，你将了解如何为自己找到最佳思考伙伴。

第 10 章

找到突破性
思考伙伴

埃里克是我们在第 86 页提到过的主人公，这位从系统工程师转过来的培训师回想起最近与同事在电话里的交谈，面露微笑。那位同事是弗朗索瓦，在电子病历公司 EPIC 的蒙特利尔办事处工作。

两人上次见面还是在埃里克的一次长途出差中，时隔不到一年，埃里克却觉得那段大量出差的日子已恍如隔世。

"你是怎么给自己想出培训这个角色的？"弗朗索瓦问道，"你是不是考虑了很长时间了？"

"没有啦，"埃里克回答，"我陷入了'龙卷风'思维，脑子里翻来覆去都是关于工作的事，想要做出个决定。我的教练给我看了一个视觉模型，让我把想法都写在上面，这样我就能客观地看待我的职业，以及它对 EPIC 运营的贡献。然后，那些想法和关联就自己冒出来了。"

电话里一时沉默。

"好家伙，"弗朗索瓦回答道，"我都有点想从

你那里要这个教练的联系方式了。"

前面我们提过，独自反思你的工作模式画布无法带来最好的效果，完全在内心静默反思是无法让你真正"听到"自己的想法的，同时也不能在向他人分享的过程中受益。

这就是为什么我们建议使用"自我思考实验"——与思考伙伴共享的对话空间。但是，如何才能找到值得信赖且客观的人，邀请他参加你的自我思考实验呢？让我们考虑一些候选人，评估他们的优点和缺点。

你能听到自己的声音吗？

经理或工作中的关键伙伴

经理们的生计要靠雇主，因此他们忠心于谁自然毋庸置疑，所以你得留心。如果他的生产力或奖金取决于能否把你这样的关键人才留在岗位上，那他在帮助你提升或离开团队时就会遇到利益冲突。就算是富有同情心的关键伙伴，如果他们认为自己无法给你提供一条满意的职业发展道路，也会觉得跟你讨论"提升"时会有些尴尬。

在真正重视人才管理的进取型组织中，你可以轻松地讨论你的工作模式画布。也许，你的经理或导师会主动找你谈话。这样的组织很少见，所以它们是获得经验和测试新工作模式画布的绝佳场所。埃里克很幸运，他在 EPIC 的上司能看到他新模式的价值。

提升、退出或调整了工作风格的朋友或同事

你的人际网络中应该加上那些成功提升、退出或调整了其风格的人：他们能够提供很多你需要的真实反馈或市场情报。虽然没有人能对市场趋势或你的最佳职业发展有一个全知全能的认识，但每个人都可以分享对你工作模式的建设性看法，这些看法汇合在一起就形成了当前的市场信息。

与这些人见面是为了避免过度依赖自己的看法。这就是为什么职业顾问会鼓励客户去与朋友、同事等人交流。要找那些拥有好奇心、可以提出好问题的人，而不是自认无所不知、坚信自己的观点就能代表一切的人。最后，选一个虽然与你意见相左却能帮助你思考、对你的模式提出适当挑战的伙伴，可以提高你的思考和对话效率。

心理治疗师

如果要为你的职场生涯找个思考伙伴，心理治疗师并不是理想的选择。为什么？最大的原因是他们大多缺乏心理治疗以外的企业职场经验。成为心理治疗师需要大量学术研究、实习、执照行医和临床经验，还要掌握错综复杂的保险报销或政府资助的知识。很少有心理治疗师对商业、多元化的职场文化或更广泛的职业领域有深入的了解。

值得称道的是，大多数心理治疗师都知道自己不适合进行职业咨询，在帮助客户减少对职场的焦虑、抑郁或愤怒反应后，他们会让客户寻求职业教练的帮助。如果你同时与心理治疗师和职业教练在合作，可以让他们就如何与你合作交换观点。心理治疗师和教练通常是在自己的"孤岛"中工作，对某个特定客户无法具备完整认知。当那些努力推动你成功的人可以互相分享信息时，你就会受益匪浅。

教授、教师或讲师

如果教授、教师或讲师知道自己的学生去了哪里工作，不管学生是发达还是失意，他们都愿意提供帮助。但他们与学生的互动往往只限于毕业前的学习，在学生参加工作后，他们就很少与学生保持联系了。

实际上，你就读过的学院或大学里的就业中心以及那里的工作人员就是丰富的资源，他们可以把你和其他校友联系起来。你的大学同学在各种组织中工作，而你是这个校友圈的正式成员，不妨充分利用这个身份，与校友们建立联系。如果没什么意外的话，这里就是个安全的测试场所，你可以跟已经对你有好感，而且属于同一校友圈的人一起测试你的工作模式画布。

配偶、伴侣或交往对象

心理治疗师和医生不会为自己的家人进行治疗，同理，你也应当避免与配偶或伴侣建立与职业相关的思考伙伴关系：双重关系本质上是矛盾的，而且可能会不符合职业操守。你不能期望与你分享生活中最私密信息的人保持客观。悠着点吧，你面对的是给予你无条件情感关怀、在你最需要的时候支持你的人，不要让他们成为职业资源。

更重要的是，如果你长期受困于工作方面的挫折，你可能已经耗尽了你的配偶或伴侣对你职业问题的同情心。相反，另找一个了解你的职业领域并且可以信赖的人会更好。如果可能的话，找一个使用过本书工具来管理自己职业生涯的思考伙伴会更好。

关于与思考伙伴的分歧

工作模式画布将信息浓缩到了一张图表中，使你能够测试设计中的假设。所以，要大胆选择一个能挑战你模式的思考伙伴。如果你的伙伴能拿出证据，说明你的设计为何应该做出改变以及如何改变，那就是赠送了你一份珍贵的礼物。如果他们做出了不一样的假设或不赞同你工作模式画布的某些内容，研究一下他们的评论是否准确。

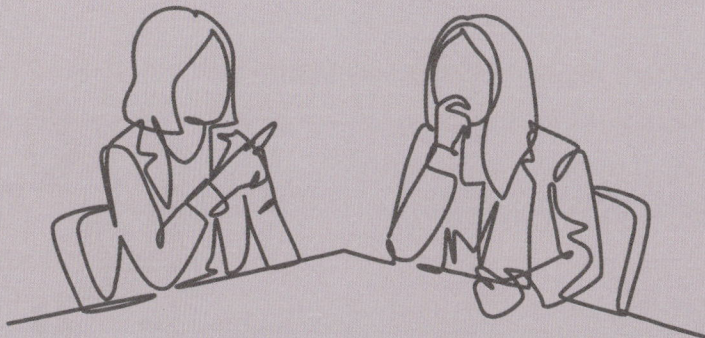

例如，爱德华是一名 61 岁的建筑设计师，他在一家大型城市设计公司工作了 28 年。这家公司在购物中心改造领域取得了成功，这意味着爱德华的工作变得有些千篇一律，并在很大程度上是依靠计算机辅助设计。考虑到未来，爱德华设计了一个退休前的工作模式画布，假设退居二线去做几年兼职，这样他就可以在彻底退休前仍然拿到些不错的持续收入。他把模式分享给了同事艾伦，结果对方的回答让他感到沮丧。

"我觉得，认为公司会提供兼职工作，是一个有很大的风险的想法。"艾伦提醒他。

爱德华不这么认为，但决定去验证艾伦的看法。他很快发现公司确实没有兼职的高级职位。与此同时，他还读到了一篇刊在行业杂志的文章，其中指出，业内趋势是让高级建筑师提前退休，然后雇用具备出色计算机技能的新毕业建筑师。于是爱德华修改了自己的模式，开始研究提前退休的利弊。

成为缺乏经验者的思考伙伴

创建思考伙伴关系的一个好方法是教经验不足的人掌握工作模式，然后充当他们的思考伙伴。这样对你也会有所帮助，因为没有比教别人更好的方法来掌握某样东西了。现在，你已经了解了职业重塑方法，那么你就拥有了对他人有极大帮助的知识。不要低估你能提供的帮助，自由分享你的知识吧。

我们发现，已经工作的职场人士能快速掌握这个方法，热切地接受它，并珍惜与更有经验的思考伙伴一起学习的机会。然而，教高中生或大学生就有些难度了，尤其是如果他们从未做过全职工作，也没有过自己支付过房租、食物和手机费用的深刻经历。

不过从另一方面来说，教没有经验的学生可能会给你一个改变某人人生的机会，就像丹尼的故事那样。

丹尼知道了工作的含义

丹尼

17 岁的丹尼遇到了比其他同龄人更麻烦的问题。在他高中毕业的前一个月，他无家可归了。

丹尼在一个被贫穷和酗酒问题困扰的破碎家庭中长大，多年来断断续续地在朋友家里"睡沙发"。他总是尽力在他借住的地方帮忙，但不稳定的生活状况使他无法兼顾学业和带薪兼职，眼下他没钱付房租了。

幸运的是，丹尼去见了汤普森先生，一位精通工作建模、和蔼可亲的职业咨询师。汤普森先生向丹尼介绍了工作模式画布，然后建议丹尼把别人说他做得不错的地方写下来。丹尼列出了"擅长家务"和"成熟负责"这两条。

汤普森先生指出，这些品质都是重要的**关键资源**。然后他问，谁帮助你？丹尼将他的**关键伙伴**定义为朋友的父母、老师和学校辅导员。

接下来，汤普森先生问道，你帮助谁？你是如何帮助的？丹尼回答说，他的"客户"是他朋友和朋友的父母，这些年来他做过简单的房屋维修、草坪修剪、清洁打扫和看房子的工作。

丹尼很快意识到，如果他能找到一个家里长期需要雇人干活或做其他家务的人，他就可以拿帮忙来换取临时住宿，直到他能找到带薪的工作和固定的住处。他把**关键伙伴**转化为"渠道合作伙伴"，请他们帮他找个这样的客户。他们找到了。

三年后，丹尼在建筑业工作并且有了自己的公寓。

"要不是汤普森先生和工作模式画布，我都不敢想象我会怎么样。"丹尼说，"他们让我明白了工作的真正含义。"

工作的含义是什么

丹尼从这次经历中学到了宝贵的经验。

他学到了工作就是帮别人完成重要的事情。

他学到了工作就是为他人提供有价值的收益，而不仅仅是花几小时来执行规定的任务。

他学到了职场是相互依赖的系统，需要人们彼此合作。

每个年轻人都应该在上学的时候学习这些关于工作的课程，可惜很少有人这样做。可悲的是，公立学校的职业教育已经过时几十年了，因为它是基于一种谬论，即职业发展是以线性方式进行的，这种理论认为正确的前进方式是"计划→执行"。而事实上，对于大多数人来说，职业的进展是非线性的，因此正确的前进方式应当采用"模式→测试"的范式，正如本书中所介绍的。

整个世界的职业教育都已经过时了，这是我们十多年来以线下和远程方式向 30 多个国家和地区教授个人画布方法论后得出的结论。这一结论在我们去过的每个国家，都经过了教育家、研究人员、职业顾问和商业人士的证实。

因此，如果你有幸对年轻人进行教授、监督、指导或辅导，我们希望你能采用我们的"绘制→反思→修改→测试"方法。

职业生涯的四个阶段

无论工作把你带到何处，了解人们会在职业发展中经历四个不同阶段是很有帮助的。请记住，人们可能会在阶段之间来回转换，尤其是当他们在人生的不同时期重塑工作时。

1. 依赖

像丹尼这样的新员工非常依赖他人。他们在测试关键资源即他们在学校或培训中学到的内容时，必须寻求指导。他们可能更关注职场的关键活动。有经验的工作者在学习新技能时可能会回到这个阶段，就像爱德华在首次引入计算机辅助设计时那样。

2. 独立

具备了专业知识的工作者能够独立采取行动。他们几乎不需要指导，而且能够为别人提建议。他们更注重而且也有能力为个人、团队和企业的价值主张做出贡献，但他们对关键伙伴的重要性认识不足。

我们在第 156 页看到了埃里克是如何发展到独立水平的，他培训别人安装复杂的电子病历系统。但埃里克的老板正处于下个阶段：相互依赖。

3. 相互依赖

有经验、有能力的员工会使用外向关注，将职场视为由相互依赖的元素和角色组成的系统。他们寻求合作并且给予合作，从而确保团队和个人的成功。他们深知关键伙伴的重要性，并将同事视为关键伙伴甚至顾客。埃里克的老板看到了大局，把组织需求放在心上，所以她会对埃里克说："我们需要一批有前途的高级系统工程师。"

4. 暂停

老员工要退休了。他们可能希望继续担任顾问、导师或教师的角色，或是开始全新的事业，带着新的好奇心、目标和学习感回到依赖阶段。

例如，贾娜和亨利夫妻二人都是护理专业人士，他们是同时退休的。贾娜以独立阶段的状态继续从事护理工作，为人道主义非营利组织国际美慈担任医疗卫生讲师。而亨利则报名参加了木匠学徒项目，回到了依赖阶段。

了解某人处于哪个阶段，并在与他们接触之前仔细思考，能使你提出更有用的问题，并为他们的下一个发展阶段提供合适的指导。现在也许该轮到你来这样做了！

思考一下

① 你会邀请谁参加你的自我思考实验？你会说些什么？你要如何帮助他们？

② 你工作模式画布中哪种相互依赖关系是痛苦或潜力的"关注点"来源？它可能涉及同事、老板、合作伙伴、社区，甚至是某项技术。与思考伙伴讨论一下，然后描述一个你为了减轻痛苦或挖掘潜力所能采取的行动。

③ 你目前处于哪个职业阶段？是依赖、独立、相互依赖还是暂停？没有哪个阶段是"最好"的，只有最适合你目前状态的。问问自己，在这个阶段，三个问题中的哪一个与自己最相关？

④ 回忆一下第 219 页：工作应该把你带到某个地方，而不是让你留在某个地方。你觉得你准备好进入其他阶段了吗？记住，在阶段之间来回转换也是可以的！描述一下你现在做的、能让你进入想要的新角色或新的职业阶段的事。

结尾寄语

恭喜你完成了本书中的阅读！我们希望你能超越知识上的理解，将这种方法内化，为你和他人创造更高的职场满足感（或者至少减少职场痛苦）。

最后，我们想送你一个生活的秘密公式。

准备好了吗？

那么坐下来，扶稳了。

好，那就告诉你吧：

"生活 = 工作 + 爱"

对于爱这方面我们帮不到你，但对于工作，我们已经竭尽所能帮你了。如果工作顺利，生活的其他部分自然就会水到渠成。

让我们为个人画布干杯，也为在人生的任何阶段都能重塑自我干杯。

你的朋友，蒂莫西与布鲁斯。

蒂莫西和布鲁斯

注释

第1章

1. 大树的比喻改编自《谁在经营你的职业？在不稳定时期创造稳定的工作》(*Who's Running Your Career? Creating Stable Work in Unstable Times*, by Caela Farren, Bard Press, 1997)，一本关于职业发展的极具洞察力和先见之明的著作。

2. Roy F. Baumeister, *Meanings of Life* (Guilford Press, 1992).

第2章

3. Alexander Osterwalder and Yves Pigneur, *Business Model Generation*, (Hoboken, NJ: John Wiley & Sons, 2010). 这是一部关于商业建模的标准著作，作者克拉克是该书的合著者和主编。

4. D.H. Meadows and D. Wright, *Thinking in Systems: A Primer* (Chelsea Green Publishing, 2015).

5. 负外部性是一种对未选择承担这种成本的人造成影响的成本，比如影响公共健康或财产价值的空气污染。免费公共教育通常被认为有正外部性，因为受过教育的公民往往会使社会更加稳定和更有成效，即使对没有孩子的人来说也是如此。

第3章

6. 参见克莱尔·温尼科特的《与孩子面对面：克莱尔·温尼科特的生活和工作》(Clare Winnicott, *Face to Face with Children: The Life and Work of Clare Winnicott*, Routledge, 2019)，其中讨论了社会工作者如何将"第三事物"或"第三对象"作为分享经验的形式，并从中产生强大的沟通。

第4章

7. Bruce Hazen, *Answering the Three Career Questions: Your Lifetime Career Management System* (CreateSpace, 2013).

8. Alain de Botton, *The Pleasures and Sorrows of Work* (Pantheon, 2009).

9. 同上。

10. Cal Newport, *So Good They Can't Ignore You* (Grand Central Publishing 2012).

11. Bill Burnett and Dave Evans, *Designing Your New Work Life* (Vintage 2021).

12. 同上。

13. 同上。

14. 同上。

第5章

15. W. Chan Kim and Renée Mauborgne, *Blue Ocean Strategy* (Harvard Business Review Press, 2015).

第6章

16. 参见史蒂夫·布兰克（Steve Blank）的著作，包括《初创公司所有者手册：建立伟大公司的分步指南》(*The Startup Owner's Manual: The Step-By-Step Guide for Building a Great Company*，Wiley, 2020)，了解客户发展模式和相关主题的全面论述。

17. 同上。

第7章

18. 路易吉·森特纳罗（ Luigi Centaro ）是个人品牌画布的创造者，也是本书第 7 章的作者。

19. 共益企业是由2006年创办的非营利组织——共益实验室（ B Lab ）为了实现商业驱动社会向好，而提出的一种新的商业形态，旨在重新定义商业成功，使其成为一种向上的力量，推动整个商业和社会环境的改善。

第8章

20. 作者非常感谢 Kittelson & Associates 创始人韦恩·基特尔森（ Wayne Kittelson ）分享了他应用于商业企业的外向关注理念。基特尔森先生认为外向关注是许多伟大精神传统的共有元素，他并不认为是自己创造了这一理念。但是他的公司取得了非凡的成功并经营了很长时间，这已经表明他是这一理念的大师级实践者。

创作者
简介

作者：蒂莫西·克拉克博士

他认为所有人都能通过掌握基本的企业家精神和设计原则来提高职场满足度。在刚参加工作时，他是一名专注于技术新闻的日英翻译。后来，他成立了一家营销研究咨询公司，为亚马逊、贝塔斯曼金融服务公司和英特尔等客户提供服务。在他的公司被一家纳斯达克上市公司收购以后，他的工作模式发生了转变，这一经历激励了他去正式学习和教授创业学。他成了一名商业教授，并撰写、合著或编辑过八本关于创业和个人发展的书，包括全球畅销的《商业模式新生代（个人篇）》和《商业模式新生代》。蒂莫西毕业于斯坦福大学，拥有工商管理硕士和商业博士学位，并且是 NEXT 认证的创业培训师。

注：本书英文版第一版第一作者署名为"Timothy Clark"，英文版第二版第一作者署名为"Tim Clark"，中文译本统一延用第一版的署名译法，译为蒂莫西·克拉克。

作者：布鲁斯·黑曾　理学硕士

作者布鲁斯·黑曾（著有《回答三个职业问题》《团队商业模式》和《商业模式新生代（个人篇）》。他是一位职业和管理教练。他二十多年来一直在指导领导者和追随者为三个职业问题寻找自己的答案。他的使命很明确：减少工作上的痛苦，提高职业满意度，防止职业生涯浪费在一份接一份同样的工作上。他将自己的"职业管理新物理学"带到了本书的本次修订中。此前，布鲁斯曾在科技、医疗卫生、能源和专业服务领域的多家商业和非商业企业中担任过领导角色。他毕业于康奈尔大学产业与劳动关系专业，并拥有临床心理学研究生学位。

第 7 章作者：路易吉·森特纳罗

路易吉率先将设计思维应用于个人品牌打造，他创立了由个人和团队创新专家组成的 BigName 公司。他在国际顶级商学院担任个人品牌和职业创新讲师，并且是职业创新工具包（其中包含个人品牌画布）的主要开发者。作为一名热情的个人画布认证实践者，他在世界各地组织过数百场研讨会。

方法论共同创作者：梅赛德斯·霍斯

梅赛德斯是本书方法论的主要共同创作者，她组织并共同主持过数十次从业者认证培训。她是一名卓有成就的教练和培训师，使用个人画布和团队画布设计企业人才发展和团队动力项目，并结合使用乐高和认真玩以及其他方法。

设计：小野寺惠子

从东京的桑泽设计研究所毕业后，惠子加入了食品制造商雪印乳业的研发部门，并因其创新设计而获奖。然后她加入了化妆品业巨头资生堂，从事产品和包装设计。1991 年她移居美国，与设计公司 UCI 合作，共同创办了一家在线营销咨询公司，为亚马逊、杰西潘尼和尼曼百货等客户设计日语网站和营销研究项目。她现在是一名独立设计师。

个人画布
从业者

社区

免费访问本书相关的社区网站，下载书中的工具，阅读帖子和文章，访问其他资源，并结识来自世界各地的成千上万志同道合的专业人士。

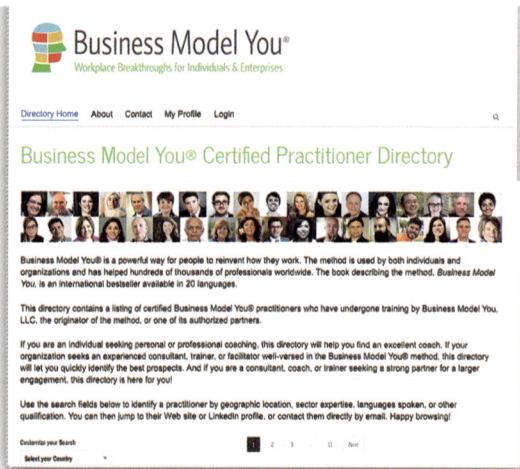

寻找认证从业者

你想找一位个人画布方法论方面的教练、顾问或咨询师？

访问认证从业者的免费目录，按语言、地点和专业背景进行搜索，找到你的完美思想伙伴！

成为认证从业者

如果你在生活中被个人画布方法的力量和有效性所打动，并考虑用它来帮助同事或客户，那就考虑一下，成为认证的从业者吧。只要 7 次沉浸式课程，你就能掌握由创始人教授的方法，并学会在自己的职业实践中应用。此外，各个行业中志同道合的同事会为你提供高效反馈，让你进一步了解如何在组织内部以及作为独立专业人士使用此方法。

个人商业画布国际认证教练

白熊White Bear

白羽Yu Bai

蔡沅利Grace

曾华青

曾乐Susie

曾丽Lily

陈祷旋Yilia

陈宇鑫Milla

传子汕Lydia

丁舟

杜海英

殷华玲Lynn

范欣蕾Sarah Van

冯飞

甘露Grace

高灿Steven Gao

葛瑶

郭进Jane

郭亦威

何婉玥

黄露鹭Lucky

黄影

纪璐嫒Poppy

蒋文燕Rita

黎敏贤Carrie

李超永Alex

李嘉洁Paco

李瑾Li Jin

李敏婷Helen

李招燮Felicity Li

林丹霞

林骐宏JEFF

林杉

刘柯辛Lindo

刘伟男David

刘霞

刘韵Anna

陆嘉佳Lujiajia

罗志远Munger

孟想想

 盂之君

 苗馨月Serena

 莫其澔

 缪可佳Zoey

 潘晶晶

 邱甜甜

 任怡

 盛昊

 史丹Dana Elise

 宗奕琳

 孙伟

 田媛Karen

 王翠翠Molly

 王又冉Ivy

 王越星

 吴柳玉Erica

 吴天培

 夏丹enxin

 肖凤Serena

 肖绘Claire

 许菁菁J

 旭丰Arthur

 严晗晞

 杨茜Yancey

 游锦茵Chrissie

 张莉

 张武宇ZhangPengyu

 张文博Vera

 赵柏辉Nimals

 赵佳宇Jacey

 赵艳穗

 周荣

 周莹玲Elaine

 朱婷

 朱晓枭Becky

 庄凤云

赞　誉

每个人都是自己的 CEO，你必须像经营一家公司一样经营自己：构建自己的协作关系，打造自己的产品和服务，呵护自己的名声，把注意力投放到产出更高的地方。只有运用独立的思考框架为自己做出决定，才能获得真正的职业发展。

——润米咨询创始人，"刘润·5 分钟商学院"课程主理人　刘润

这是一本能够帮你突破职业瓶颈、完成职场进阶的思维宝典和行动指南。它将告诉你如何借助一张简洁的画布明确自己的职业方向，找到属于自己的赛道，规划好自己的职业生涯和精彩人生。

——笔记侠创始人　柯洲

如何持续升职加薪？如何拥有成功的职业生涯？问题的关键并不在于你有多努力，而是你能否掌握正确的职场逻辑，能否沉淀面向未来的核心能力，能否构建适合你自己的商业模式。这本书拥有适合每个职场人的实用工具和理论框架，能帮助每个职场人评估自身优势，挖掘潜能，经营具有长期竞争力的职业生涯。

——插座 App 创始人　何川

人生就像一次创业，需要明确自己的目标和兴趣，找到自己的客户和市场，整合内外部的资源和优势，构建可持续的商业模式和组织能力，为客户和自己不断创造独特的价值！遗憾的是，很多人没有意识到职业规划的重要性，或者虽然有这个意识，却没有高效的工具。本书就是填补这个缺憾的全球经典，一目了然、逻辑清晰、可视有趣、简明实用！

——北京智学明德国际领导力中心创始人，《领导梯队》译者　徐中

我们正处在人工智能（AI）技术发展的转折点，机器能理解知识、撰写总结甚至自行编写程序，每个人将不得不重新思考自己的职业生涯：作为人类，我们如何发挥个体创造力？我们如何与机器协同？我们又如何与其他人交流合作？以全新视角深度阅读和使用这本书，我们必将有全新的收获。特别地，在我看来，本书作者一直以来倡导的图示式思考框架将在 AI 时代对我们颇有助益。

——《区块链超入门》《元宇宙超入门》作者　方军

本书采用的设计思维，正是我推进管理者数字化转型的关键思维范式。本书基于设计思维的关键要素，以"绘制→反思→修正→测试"四段式职业建模，并渐进迭代，用一张画布重塑一个人的职业生涯，为职场人的成长提供了简洁有效的指引，让每个人聚焦于价值贡献，是一本值得深读的枕边书。

——书享界创始人，《管理者的数字化转型》作者　邓斌

时代变化越来越快，个人的职业发展如果不能在变化中及时调整和适应，很容易被淘汰。很多人听了不少课、看了不少书，但大部分人缺乏把认知型知识转化为实操型知识的能力，并没有做出改变。这本书最值得推荐的就是它直接提供了一套实操模型，适用于任何领域、任何职业，每个人都可以对照本书中的模型，一步一步地优化自己的职业发展。

——《学会写作》《成事的时间管理》作者　粥左罗

这是一个能用来梳理自身发展战略的工具，在简单的九个模块里包含了人生经营的道理。它可以帮助每个人科学地认识自身的优势与所处的环境，合理地规划人生。

——互联网资深运营　马奔

无论你是即将迈入职场的毕业生，还是已经在职场摸爬滚打多年的资深人士，都会面临很多选择：什么是适合我的工作？每天忙忙碌碌却没有成就感，我该做出什么改变？我需要看看新的工作机会吗？公司转型、部门裁员，我该何去何从？

在这本书的帮助下，你将从更高的层面看待工作，并为自己设计出更容易达成目标的路径。现在，开始你的阅读吧！你将掌握一套可以不断校准自己的方法，在这个变化的世界，锚定你的目标，活出你的精彩。

——联想中国·学习与人才发展高级经理 刘妩

这是一套基于商业模式的创新型职业架构图，无论是职场中的小白还是职业经理人，都能通过个人画布来确定职业发展方向以及当下要锤炼的核心竞争力。这是一本可落地的职业生涯规划宝典，能够在未来多变的环境中，成为职场人的灯塔。

——北京链家经纪人培训负责人 吴素颖

关于职业规划的书籍很多，这本书是真正把个人目标与企业目标紧密连接，帮助你建立职业全局观、挖掘职场价值、指导你重塑职业生涯的行动指南！无论你的职业发展处于什么阶段，都能在本书中找到破局的思路。

——新华三集团培训经理 李银花

人生的成就是经营出来的，过往选定一个专（行）业吃一辈子的传统模式即将减少甚至消失。现今社会中，人的发展需要根据市场动态、以价值实现为目标进行系统的规划，还要对环境和自身有全面而深刻的洞察，从而适应形势、规划调整，落地行动。

随着这本书一步一步的带领，我们有望成为自己的人生规划师，并从书中那些生动的案例中受到启发，开启自己的成长转变之路。

——IAF 国际引导者协会专业认证引导师 何瑶琴 Yuki